Cornelia Smaic

Adieu, mon ami...

Weiterleben nach dem Suizid des Partners

Cornelia Smaic

Adieu, mon ami...

Weiterleben nach dem Suizid des Partners

Biograph

Für ihre Unterstützung und Begleitung in der Zeit nach Adrians Tod, in traurigen und schönen Momenten, gilt mein herzlicher Dank: meinem Vater, Vreni, Grossmama, Doris, Michael, Arlette, Raffaele, Erika, Beat, Gabi, Tildi, Sabrina, Nadin, Bernhard, Ursula, Ebo, Stefan, Käthi und Familie sowie Herrn Dr. Buess und Frau Dr. Klein.

Ganz besonders danke ich meinen Kindern, Alina und Cédric, für ihre Liebe und dafür, dass sie mir den Sinn des Lebens täglich neu vermitteln.

Schliesslich gilt mein Dank dem Leben, das mir gezeigt hat, dass selbst in ganz dunklen Zeiten immer irgendwo ein Lichtstrahl ist. Mit jedem Schmerz wächst die eigene Persönlichkeit, und man geniesst die schönen Augenblicke in Demut und Dankbarkeit. An dieser Stelle denke ich auch an Bruno, dessen Einfluss mir gezeigt hat, dass das Leben schön ist.

Erste Auflage Januar 2000
© 2000 by Cornelia Smaic
© 2000 by *Biograph-Verlag* (Schweiz)
Verlagsadresse: CH-7083 Lantsch/Lenz, Postfach 16
Tel. 0041-81-681 26 26, Fax: 0041-81-681 22 90

Hergestellt und gedruckt auf 90 gm holzfrei, gelblich-weiss,
säurefreiem Papier. Gebunden in Comtesse-Leinen von Peyer,
Leonberg.
Titelbild: Aquarell «Bäume» Jürg Hari

ISBN 3-905248-18-2
Internet: www.biograph-verlag.com

Prolog

«Vielleicht bedeutet Liebe auch lernen, jemanden gehen zu lassen, wissen, wann es Abschied nehmen heisst. Nicht zulassen, dass unsere Gefühle dem im Wege stehen, was am Ende wahrscheinlich besser ist für die, die wir lieben.»

Ausschnitt aus «Der träumende Delphin» von Sergio Bambaren

Als ich diesen Abschnitt las, dachte ich, dass dies in präziser Ausdrucksweise meine Empfindungen wiedergibt. Rückblickend habe ich das Gefühl, dass ich mich immer wieder von Menschen verabschieden musste, die mir nahestanden, die einen festen Platz in meinem Herzen hatten.

Wo kommt immer und immer wieder die Kraft zum Weiterleben her? Eine Frage, die ich mir oft stelle. Der Himmel ist schwarz, wolkenverhangen, es ist dunkle Nacht, kein einziger Stern ist zu sehen. Jeden Abend gehe ich nach draussen und schaue in den Himmel. Manchmal ist er ganz klar, und unzählige Sterne verwandeln ihn in ein wahres Lichtermeer, und manchmal ist er pechschwarz und erdrückend. Er spiegelt das Leben wider.

Immer schon konnte ich meinen Gefühlen am besten im Schreiben Ausdruck verleihen. Lesen und Schreiben gehörten immer schon zu mir. Im Sommer dieses Jahres spürte ich intuitiv, dass ich über einen Teil meiner Gedanken und Erlebnisse ein Buch schreiben möchte, insbesondere deswegen, weil ich denke, dass es vielen Betroffenen helfen wird, sich nicht mit ihrem Kummer alleine zu fühlen.

Es ist die Geschichte meines Mannes, die ich erzählen möchte, aber um den von mir durchlebten Schmerz etwas besser verstehen zu können, ist es mir wichtig, ganz am Anfang meines Lebens zu beginnen. Dieses Niederschreiben ist für mich eine Therapie. Ich möchte die Gefühle in Worte fassen und versuchen, mich von ihnen dabei zu verabschieden wie von einem Freund, der einem eine Wegstrecke lang begleitet hat. Ich merke auch, dass ich eine gewisse Distanz erreicht habe, sich nicht mehr alles auf der emotionalen Ebene abspielt, sondern ich vieles auch sachlich realistisch betrachten kann. Das nachfolgende Tagebuch, das ich nach Adrians Tod angefangen habe, gebe ich unverändert wieder. Dieses Tagebuch wird voller Emotionen und sicher auch voller Wiederholungen sein, aber ich denke, das ist ganz normal und sollte unbedingt auch seinen Platz haben. Ich merkte beim Abschreiben der Texte mit dem PC, dass ich in meiner Trauerarbeit grosse Schritte vorwärtsgekommen bin. Adrian hat heute seinen Platz in meinem Herzen, aber ich kann seine Seele ruhen lassen, störe ihn nicht mehr ständig mit meinen Fragen und Vorwürfen. Ich bin sicher, dass mir auch die Gewissheit, nichts zusammen verpasst zu haben, sehr geholfen hat.

Meine Geschichte beginnt 1967 in einem Spital für junge, ledige Mütter. Damals war es noch eine Schande, wenn ein Kind das Licht der Welt unehelich erblickte. Allerdings bekam nicht nur die Mutter einen Stempel, sondern auch das Kind wurde als beschmutzt tituliert. Nach langen Stunden der Geburt entschloss ich mich wohl, auf diese Erde zu kommen. Die Freude über meine Niederkunft war wohl nicht sehr gross, denn ich war ganz und gar nicht geplant. Ich war eine Last für alle beteiligten Personen. Aus dem Spital entlassen komme ich zu Pflegeeltern, die selber schon sechs Kinder hatten. Für mich meine erste Wärme, mein Glück auf dieser Welt. Sie sind lieb und gut zu mir.

Meine leibliche Mutter war noch ganz jung und chaotisch, der biologische Vater hatte bereits eine neue Beziehung und entschied sich dann für diese Partnerin, was sicher gut gewesen ist. Irgendwie war ich von allem Anfang an auf mich alleine gestellt. Dank meiner Kraft war ich trotz des schwierigen Umfeldes ein sonniges Kind mit einem starken Willen. Meine leibliche Mutter handelte sehr egoistisch, wollte mich nicht und wollte mich aber trotzdem nicht zur Adoption freigeben. Sie hat sich immer und immer wieder in mein Leben eingemischt, wäre aber nie so verantwortungsvoll gewesen, dass ich mich auf sie hätte verlassen können. Sie überforderte mich dauernd und stellte mich bloss, wo immer sie konnte. Für mich war ihr Verhalten so schlimm, dass meine Seele fast zerbrach. Ich habe ganz bestimmte Eindrücke, Bilder meiner Kindheit, eigentlich nur Bruchstücke. Es gibt Details, die mich immer wieder einholen.

Es sind Bilder, von denen ich mir immer wünschen würde, dass man sie einfach per Knopfdruck aus dem Gedächtnis löschen könnte.

Ich sehe z.B. ein Hochhaus. Ich bin ganz weit oben, sicher im 20. Stockwerk. Ich bin ganz alleine und fühle mich verloren. Ich weiss nicht, wie lange ich einfach so dasass, auf dem Fensterbrett, und hinausblickte. Ich will nach Hause. Wo ist mein Zuhause? Plötzlich kommt meine leibliche Mutter mit einem Mann ins Zimmer und schreit mich an, ich solle vom Fensterbrett herunterkommen. Im übrigen sei ihr Begleiter mein neuer Vater.

Ich verstand die Welt nicht mehr, mein Vater war doch in Thun, ich will zu ihm.

«Nein, du bleibst hier, du wirst jetzt immer hier bleiben.» Panik stieg in mir hoch, nur das nicht, nur einfach das nicht, ich halte es nicht aus. Ich bin vielleicht sieben Jahre alt. Jahre später, als ich mit meinem Mann zufälligerweise zur IKEA nach Spreitenbach fuhr, sah ich dort die Hochhäuser und wusste, dass mein Bild dort zu Hause war. Ich fragte nachher meinen Pflegevater, ob meine leibliche Mutter in Spreitenbach gewohnt habe, und er bejahte mir meine Frage.

Ein anderer Freund von ihr schlug mir mit einer Drahthaarbürste so auf den Kopf, dass ich noch heute keine solche anschauen kann.

Ein anderes Mal sitze ich im Hinterzimmer eines Massagesalons in Bern. Im Vorderzimmer erledigt meine leibliche Mutter mit ihren Besuchern ihre Arbeit. Ich sehe nichts, höre nur komische Geräusche. Ich schaue zum Fenster hinaus. Schrill gekleidete Frauen stehen herum und viele Männer schleichen in den Gassen herum. Ich habe Angst, furchtbare Angst. Ich will nach Hause. Wo ist mein Zuhause? Meine leibliche Mutter trägt einen kurzen, weissen Kittel. Sie sieht aus wie eine Krankenschwester. Ich frage sie, ob sie eine Krankenschwester sei. Ich höre ihr Lachen. Sie findet meine Frage sehr lustig, entsprechend ihrem geistigen Horizont. Noch heute habe ich Angst vor Prostituierten. Vor etwa einem Jahr ging ich mit einem Bekannten ins Kino. Auf der Heimfahrt fuhr er beim Bahnhof Thun auf einen Parkplatz und wollte mir - unwissend über meine Vergangenheit und ungefragt - das Thuner Rotlichtmilieu zeigen. Ich erschrak im Auto derart und mich erfasste eine so grosse Panik, dass dem Mann sein Handeln leid getan hat.

Weiter mag ich mich an einen Vorfall während eines Besuchswochenendes bei meiner leiblichen Mutter in Bern erinnern. Es geschah auf der Kunsteisbahn. Anstelle meiner leiblichen Mutter holte mich ein Mann ab. Er gab an, sie habe ihm den Auftrag zum Abholen erteilt, da sie selber keine Zeit habe. Ich glaubte ihm, stieg in sein Auto, und er fuhr mit mir in ein Waldstück. Er öffnete seine Hose, und sein Glied stand erregt heraus. Ich hatte keine Ahnung, was das zu bedeuten hatte. Ich musste ihn anfassen, er befriedigte sich selbst und nannte das ganze «Dökterli-Spiel». Nach langen Stunden der Angst und des Missbrauchs liess er mich im Wald aussteigen und fuhr davon. Da stand ich nun. Wo sollte ich hingehen? Ich lief in irgendeine Richtung und kam zu einer Strasse. Ein Auto hielt an und nahm mich mit auf den nächsten Polizeiposten. Eine Polizistin kümmerte sich um mich. Ich wurde untersucht und befragt. Mein Pflegevater kam mich abholen. Er hatte einen grossen Streit mit meiner leiblichen Mutter. Weiterhin musste ich auf ihren Wunsch an gewissen Wochenenden zu ihrer Verfügung stehen und nach Bern gehen.

Dieser Vorfall mit dem Mann im Wald veränderte mein Leben sehr stark. Ich fand mich schmutzig, konnte meinen Körper nie lieben. Ich lernte erst bei meinem Mann, mich zu berühren und meinen Körper zu lieben.

Sie missbrauchte meine Seele, meine Gefühle, mein ganzes Ich in jeder Beziehung. Ich war nicht aufgeklärt, oftmals einfach überfordert mit dem, was um mich herum ablief. Zuhause behütet wie ein Küken und in Bern eine völlig fremde Welt.

Ich hatte immer den Wunsch, einfach zu leben, zu geniessen, zu erleben. Ich wollte frei sein, frei von allen Zwängen und Schmerzen. Ich wollte meine leibliche Mutter nie mehr sehen. Mein einziges Ziel war, ihr zu verzeihen, aber sie nie mehr sehen zu müssen oder an sie erinnert zu werden. Ich wünschte mir immer, sie aus meinem Leben streichen zu können. Es sollte nicht so sein, ich musste noch manche Erfahrung mit ihr machen. Sie wusste nicht, dass sie mir sehr weh tat. Die Seele eines Kindes ist rein, und meine wurde pränatal und in den Kindheitsjahren stark belastet. Meine Pflegeeltern hatten keine Chance, mich vor diesen Erlebnissen schützen zu können, da die leibliche Mutter über die mütterliche Gewalt verfügte. Ich konnte das nie verstehen. Es ist soviel in mir drin, so viele Geschehnisse, die ich nicht einfach vergessen kann. Meine ganze Kindheit und Jugend musste ich mit diesem Schatten leben, der mich heute immer noch manchmal einholt. Ich hätte so gerne in einer ganz normalen Familie gelebt. Ich war wissbegierig und wollte vieles entdecken.

Ich durfte mir aber nie etwas erlauben, zu schnell hätte es geheissen: «Der Apfel fällt nicht weit vom Stamm». Durch das Unterdrücken meiner Lebenslust ergaben sich dann einige psychische Störungen wie Nägelkauen und Essensverweigerungen, mich einfach nicht annehmen können. Dem wurde aber nie gross Beachtung geschenkt. Ich fühlte mich schmutzig. In jedem Spiegel, in jedem Schaufenster, überall wo ich mich sah, litt ich. Manchmal schaute ich mich ganz bewusst an und fragte mich, was das alles eigentlich zu bedeuten hat. Es tat mir immer sehr weh und tut es auch heute noch. In meiner Kindheit und bis heute meldete sich zwischendurch auch mein biologischer Vater. Er ist ganz bestimmt ein guter Mensch, und ich habe sicher viel von ihm mitbekommen, doch fand ich nie die Kraft, mich gefühlsmässig erneut zu verlieren und neue Konflikte ertragen zu müssen. Ich fand es besser, abzublocken, mich zu distanzieren und die ganze Beziehung zwischen uns auf einer sachlichen Ebene zu belassen. Für mich waren meine Pflegeeltern meine Eltern, und so wollte und will ich es auch belassen. Denn nicht wer einen gezeugt und geboren hat, ist Vater und Mutter, sondern die, die einem Liebe und Geborgenheit geschenkt haben und einen durch die Kindheit und das Leben mit ihren guten Gedanken begleiten.

Als mir der Lebenswandel meiner leiblichen Mutter bewusster wurde, bekam ich noch mehr Ekelgefühle. Immer wenn ich ihr oder einem ihrer Freunde die Hand zur Begrüssung geben musste, lief ich ins Badezimmer oder in die Küche und wusch mir die Hände mit Seife wieder sauber. Sie waren beschmutzt in meinen Augen. Ich war nie stark genug, meiner leiblichen Mutter zu sagen, was ich von ihr denke, aber sie spürte es wohl auch ohne Worte. Immer wenn ich es wollte, bekam ich Sprachstörungen, zitterte am ganzen Körper und wusste nicht mehr, wie ich mich verhalten sollte. Als ich dann erwachsen wurde, habe ich mich, so gut es ging, von ihr ferngehalten. Sie übte eine riesige Dominanz auf mich aus. Sie hat eine Art, die mich völliges Fürchten lehrte. Man sagt immer, an jedem Mensch sei etwas Gutes. Dem ist sicherlich so, aber ich fand bei ihr nie etwas, das dies bestätigte. Es gab Leute, die fanden, ich sähe ihr ähnlich. Das wollte und konnte ich nicht hören. Nur das nicht, ja nicht in Verbindung mit ihr gebracht werden. Ich möchte einmal die Stärke haben, ihr zu begegnen und sie nicht zu beachten. Neben ihr vorbeigehen, ohne die kleinste Gefühlsregung. Ich wünsche mir, ich erwähne es noch einmal, die Kraft, ihr zu verzeihen, zu vergessen, aber sie nie mehr sehen zu müssen.

Ich möchte hier festhalten, dass ich meine leibliche Mutter weder für das Weggeben noch für ihre Arbeit als Prostituierte verurteile oder verachte, aber alles wäre für mich viel einfacher gewesen, wenn sie sich definitiv dazu entschlossen hätte, mich zur Adoption freizugeben und mir eine Kindheit in Ruhe gegönnt hätte. Wenn ich sie aber charakterisieren müsste, so würden ihr Verhalten und die von mir ausgewählte Charaktereigenschaft gut zusammenpassen: krankhaft egoistisch, immer nur auf sich selbst achtend.

Ich liebte immer die Bäume, die Äste, die sich im Winde bewegen. Ich bin gerne draussen in der Natur. Dort fühle ich mich zu Hause, dort fühle ich mich geborgen, getragen, frei von allen Zwängen, frei von der Vergangenheit, frei von der Zukunft, einfach frei für das Leben, das sich momentan, in diesem Augenblick, abspielt. Ich liebe den See, das Spiel der Wellen. Stundenlang kann ich am See sitzen und den Geräuschen des Wassers lauschen. Manchmal möchte ich raus aus dieser Enge, raus aus diesem Leben. Ich merkte schon früh, dass ich über ein tiefes Bewusstsein verfüge. Ich spüre Ungesagtes, als wäre es gesagt. Ich spüre Gedanken und Geschehnisse, von denen es mir manchmal lieber wäre, sie nicht so genau zu erahnen.

An die Schulzeit habe ich nicht die besten Erinnerungen. Ein Lehrer schikanierte mich, weil ich bei Pflegeeltern aufwuchs, als ob ich dafür etwas konnte. Er gab mir das Gefühl, schuldig zu sein. Dabei wurde ich ungefragt geboren. Ich kann fast nicht daran glauben, dass man sich seine Eltern aussucht. Mit meinem menschlichen Denken hätte ich nie diese beiden Elternteile gewählt. Aber vielleicht habe ich hier ja eine ganz spezielle Aufgabe zu erledigen. Wann werde ich meinen Lebenssinn erfahren, erleben, geniessen und leben dürfen? Jedenfalls war ich an meinem letzten Schultag in der Sekundarschule glücklich darüber, dass dieses Lebenskapitel nun auch abgeschlossen ist. Ich absolvierte ein Zwischenjahr in einer Privatschule in Spiez. Gewünscht hätte ich mir den Besuch des Seminars, aber das durfte ich nicht, weil mein leiblicher Vater zu diesem Zeitpunkt erbat, die Alimentzahlungen einzustellen, da seine Söhne jetzt in die Ausbildung kämen und das Geld wohl für vier Kinder nicht reichte. Das hat mich sehr verletzt damals. Das Jahr in Spiez war aber eines der besten meines Lebens. Ich genoss es in vollen Zügen. Ich hatte das Gefühl, zu leben. Ich lernte viele Leute kennen, mit denen ich mich identifizieren konnte, mit denen mich viel verband, auch heute noch. Es war ein lustiges Jahr, und ich konnte, fernab von zu Hause, meine revolutionären Gelüste ausleben. Dieses Jahr, 1983, war für mein weiteres Leben ein entscheidendes Jahr. Als ich mit meiner Freundin tanzen ging, sprach mich ein junger Mann an: dunkelhaarig, sympathisch, sehr gutaussehend. Ich traute meinen Augen und Ohren nicht und schaute mich um. Meinte er mich? Sprach er wirklich mich an? Der junge Mann stellte sich vor. Er hiess Adrian und war achtzehn Jahre alt, zwei Jahre älter als ich es war. Adrian forderte mich zum Tanzen auf. Ich konnte mich zwar vor Aufregung fast nicht bewegen, aber diese Gelegenheit wollte ich mir um keinen Preis entgehen lassen. Wenn nur die Musik nie mehr zu spielen aufhören würde. Ich verliebte mich im ersten Augenblick in diesen Mann. Ich spürte, dass unsere Begegnung etwas ganz besonderes war. Leider sahen wir uns nur selten, da wir noch jung und in Ausbildung waren. Die Eltern erlaubten ein Treffen unter der Woche nicht. Wir telefonierten und schrieben uns oft. Adrian lebte mit seiner Mutter, zwei Brüdern und seiner kleinen Schwester, die er sehr liebte, in Spiez.

Als er drei Jahre alt war, kam seine Mutter mit den Kindern in die Schweiz. Geboren wurde Adrian in Capua/Italien. Seine Mutter wurde im ehemaligen Jugoslawien, sein Vater in Istanbul geboren. Istanbul, der einzige Anhaltspunkt, den er von seinem Vater kannte. Er vermisste seinen Vater sehr, obwohl er sich nicht an ihn erinnern konnte. Er hätte sich immer gewünscht, dass der Vater gekommen wäre und ihn festgehalten, ihn nicht alleine gelassen hätte. Er glaubte nicht an dessen Tod. Als wir jung verheiratet waren, reisten wir nach Istanbul. Diese Stadt war mir irgendwie unheimlich. Ganz anders dagegen empfand es Adrian. Noch nie hatte er sich irgendwo so zu Hause gefühlt wie in Istanbul. Am liebsten wäre Adrian nicht mehr abgereist, immer wieder sagte er, er werde hierher zurückkehren. Die ganze Rückreise auf dem Schiff war er melancholisch, traurig, von hier weggehen zu müssen. Wir starteten dann einige Versuche über die türkische Botschaft, etwas über seinen Vater zu erfahren, aber irgendwann gab Adrian auf, er wollte nicht mehr suchen und sagte, es wäre jetzt eh zu spät. Ich akzeptierte seine Entscheidung, obwohl wir einmal ganz nahe an einer Information waren. Erstaunlicherweise brachte er es nie über's Herz, seine Mutter ganz konkret auf den Vater anzusprechen. Es war ein Tabuthema, und jedes der Kinder hielt sich an dieses ungeschriebene Gesetz. Adrian war ein Perfektionist in allen Belangen des Lebens, im Sport, im Beruf, in der Familie. Fussball war seine grosse Leidenschaft, zuerst als Aktivspieler, dann als Trainer und zum Schluss noch als Zuschauer. Er absolvierte drei Berufsausbildungen und war ständig dabei, sich weiterzubilden. Ich bewunderte immer seinen Enthusiasmus und seinen Ehrgeiz in dieser Hinsicht. Auch als Partner und Familienvater konnte ich mich hundert prozentig auf ihn verlassen. Wir leisteten in Beruf und Familie ein gutes Teamwork. Per 1.1.1994 bot sich Adrian die Gelegenheit, sich selbständig zu machen. Ich erklärte mich dazu bereit, die entsprechenden Büroarbeiten zu erledigen, die mir eine angenehme Abwechslung zum Familienalltag boten.

Im letzten Lebensjahr von Adrian verspürte ich in allen Belangen Veränderungen. Fussball begeisterte ihn kaum mehr «mit Ausnahme der Schweizer Nationalmannschaft», im Beruf wurde Adrian auch unglücklich, weil er immer mehr merkte, dass er eigentlich seine Leidenschaft zum Beruf hätte machen sollen. Diese Leidenschaft entwickelte sich aber erst in den letzten Jahren: das Kochen. Adrian verwöhnte uns an den Wochenenden immer mit feinen Mahlzeiten, und er träumte von einer kleinen Bar, wie man sie im Süden häufig antrifft, wo er dann seine Gäste verwöhnen könnte. Mit seinem Kollegen Bernhard diskutierte er häufig über dieses Thema. Leider erbot sich aber nie die Gelegenheit, sich ganz konkret mit dieser Möglichkeit zu befassen. Ich schlug Adrian auch vor, das Geschäft zu verkaufen und noch eine Ausbildung in dieser Richtung zu beginnen. Ich hätte auch gerne mitverdient, damit er sich seinen Wunschtraum hätte erfüllen können. Es sollte nicht soweit kommen.

Wir erlebten eine gute Zeit. Sechs Jahre nach unserem Kennenlernen bezogen wir eine eigene Wohnung, klein und gemütlich. Das war ein ganz neues Gefühl für mich. Ich hatte ein Zuhause. Zwei Jahre später heirateten wir aus der Überzeugung, unseren Lebensweg gemeinsam zu gehen. Wir waren glücklich, und ich freute mich auf eine gemeinsame Zukunft. Wir bekamen von einer Bekannten zur Hochzeit das Buch «Der Prophet» von Khalil Gibran. Er schreibt u.a. über die Ehe:

«Ihr wurdet zusammen geboren und ihr werdet auf immer zusammen sein. Ihr werdet zusammen sein, wenn die weissen Flügel des Todes eure Tage scheiden. Ja, ihr werdet selbst im stummen Gedenken Gottes zusammen sein. Aber lasst Raum zwischen Euch. Und lasst die Winde des Himmels zwischen Euch tanzen. Liebt einander, aber macht die Liebe nicht zur Fessel: Lasst sie eher ein wogendes Meer zwischen den Ufern eurer Seelen sein. Singt und tanzt zusammen und seid fröhlich, aber lasst jeden von Euch allein sein, so wie die Saiten einer Laute allein sind und doch von derselben Musik erzittern. Gebt Eure Herzen, aber nicht in des andern Obhut. Denn nur die Hand des Lebens kann Eure Herzen umfassen. Und steht zusammen, doch nicht zu nah: Denn die Säulen des Tempels stehen für sich und die Eiche und die Zypresse wachsen nicht im Schatten des andern.»

Nach diesen Grundsätzen versuchten wir zu leben, genau das war uns wichtig. Jahre später waren wir bei einer Hochzeit eines befreundeten Paares, das auch diese Zeilen auf ihren Lebensweg mitnahm. Dort wurde mir der Inhalt dieses Textes wieder völlig bewusst. Du wirst alleine geboren, du wirst alleine sterben. Gib dich nie auf. Bleib immer Du selbst. Wir wussten mit Sicherheit, dass jedes für das andere da ist, wann immer es Nähe, Liebe, Ruhe und Geborgenheit brauchte. Wir führten ein engagiertes Leben, jedes hatte seine Ziele und Pläne, aber die Zeit zu zweit war dann um so intensiver und schöner.

Mein Herz tut mir weh, wenn ich daran zurück-
denke. Der seelische Schmerz tut manchmal körperlich weh. Glück und Leid sind so nahe beieinander,
nur durch einen hauchdünnen Schleier voneinander
getrennt. Oftmals ist der Himmel schwarz verhan-
gen, dann kommt der Wind und ein Sternenmeer erscheint, wo vorher noch alles trüb und dunkel war.
Jede schwierige Lebenssituation bringt einen weiter,
macht einen stark. Heute weiss ich auch, warum vor-
geburtlich und durch die Kindheit und Jugend hin-
durch alles so schwierig war. Diese Kämpfe damals
bereiteten mich auf das Leben heute vor, machten
mich stark für das alleinige Aufziehen unserer beiden Kinder.

Nach zweieinhalb Jahren Ehe war unser Glück perfekt. Ich merkte, dass ich schwanger war. Es war ein
kalter Wintertag, der 5. Dezember 1992, als ich in
mein Tagebuch schrieb: «Seit einiger Zeit schon
verspüre ich zahlreiche Veränderungen in meinem
Körper. Ich werde schneller müde als sonst, meine
Brüste sind gross und hart, dauernd muss ich auf die
Toilette, denn ich trinke literweise Tee. Es scheint
nun endlich soweit zu sein: Ich bin schwanger. In
meinem Körper entsteht ein neues Leben. Ich kann
es kaum glauben. Ich bin dankbar und glücklich. Ich
denke, der liebe Gott hat schon den richtigen Zeitpunkt ausgewählt. Ich bin sicher, dass ich reif für die
Aufgabe als Mutter bin. Ich werde nun den Arzt anrufen. Ich freue mich.» Am 14. Dezember 1992 wur-

de meine Vermutung bestätigt: Wir kriegen ein Baby. Die Freude war bei uns beiden riesengross. Unsere bevorstehende Reise nach England musste aber für das Baby kurzfristig abgesagt werden, da ich am 26. Dezember 1992 Blutungen hatte. Das durfte nicht wahr sein. Wir freuten uns so auf das Kind. Das erste Mal im Leben werde ich eine richtige Familie haben. Ich hatte grosse Angst und sass im Badezimmer wie ein Häuflein Elend. Adrian telefonierte mit dem Spital. Wir fuhren hin, und es wurde ein Ultraschall gemacht. Die diensthabende Ärztin stellte fest, dass das Kind noch lebt und empfahl mir, mich zu schonen, was ich dann auch tat. Mitte März 1993 durfte Adrian zum nächsten Ultraschalltermin mitkommen. Fasziniert schauten wir auf den Bildschirm und beobachteten unser Kind im Mutterleib. Am Abend streichelten wir das Baby und sprachen mit ihm. Mein Bauch begann zu wachsen. Ich fühlte mich schön, weiblich, sanft. Leider musste Adrian in den Militärdienst. Ich vermisste ihn sehr. Anschliessend fuhren wir eine Woche in die Ferien. Wir fuhren ins Tessin und tankten in der Stille Ruhe. Die Verbundenheit, die durch das gemeinsame Baby noch verstärkt wurde, zu spüren, tat sehr gut. Wir entschieden uns hier auch definitiv dazu, dass ich meine Arbeit nach der Geburt aufgeben würde, um voll und ganz für die Familie da zu sein. Wir freuten uns vor allem auch deshalb so darauf, weil wir beide nie in einer richtigen, kompletten Familie leben durften.

Das Schreiben hilft mir, doch die Erinnerungen, die die Erlebnisse wieder gegenwärtig erscheinen lassen, tun weh. Die Zusammenbrüche kommen ohne Vorwarnung. Ich kann lachen und fröhlich sein und eine Stunde später sehe ich ein grosses Fragezeichen und tappe im Dunkeln. Der Mut, die Kraft, der Wille zum Weiterleben ist in solchen Augenblicken nicht sehr gross, und es braucht viel, vor allen Dingen gute Freunde, um aus diesem Tief wieder herauszukommen. Dank meines gut eingespielten sozialen Netzes kann ich mich immer wieder erholen, Kraft tanken und Licht sehen in der Dunkelheit.

Die Geburt von Alina war für uns ein eindrückliches Erlebnis. Wir konnten dieses Wunder kaum fassen und waren überwältigt von allem, was mit uns und um uns geschah. Früher dachte ich immer, ich könne physisch gesehen nie ein Kind auf die Welt bringen. Seit dem Erlebnis mit dem Mann im Wald habe ich mich vor allen Männern, ausser vor meinem Mann, gefürchtet. Ich hatte Angst vor den Untersuchungen meines Gynäkologen. Ich hatte nicht Angst vor der Geburt, aber vor den Berührungen des Arztes. Wenn die Hebamme mich untersuchte, so machte mir das nichts aus. Als die Wehen begannen, war ich aber vollumfänglich bereit für dieses Kind, so dass ich deswegen keine Probleme und Bedenken mehr hatte. Ich spürte unser Kind und wollte mit ihm zusammen diesen Weg in Angriff nehmen. Der Arzt hatte meine Verkrampfungen bei den Vorsorgeuntersuchungen bemerkt, aber wir hatten vor der Geburt nie darüber gesprochen. Ich war eins mit dem Kind, und die Geburt dauerte zweieinhalb Stunden. Als Alina geboren war, konnte ich unser Glück kaum fassen. Sie legten das Baby blutverschmiert auf meine Brust. Diese Liebe wird nie auseinandergehen. Diese Liebe ist besiegelt. Wieder dachte ich daran, wie herz- und freudlos meine Niederkunft war. Ich versprach unserem Kind, immer da zu sein, wenn es mich braucht, ihm meine ganze Liebe zu geben. Adrian und ich weinten, als wir mit unserer Tochter alleine waren. Der lebendige Beweis unserer Liebe lag vor uns. Adrian durfte Alina baden und pflegen. Ich durfte duschen und mich ausruhen. Das Stillen war für mich ein nicht in Worte zu fassendes Erlebnis. Es war auch etwas, das ich selber nie erlebt habe. Keine Mutter hat mich gestillt, ich habe diese Nähe, dieses Urvertrauen nie gespürt. Die Nähe zwischen Mutter und Kind in diesen Momenten der Einheit sind mit nichts anderem zu vergleichen. Noch nie zuvor habe ich eine so tiefe Zuneigung und Freude empfunden, als wenn Alina neben mir lag und Muttermilch trank. Die Geburt unserer Tochter hat mein Selbstbewusstsein positiv beeinflusst. Ich hatte das Gefühl, eine Riesenleistung vollbracht zu haben, war stolz auf mich und freute mich über meine Aufgabe als Mutter.

Ich liege auf der Wiese, schaue in den Himmel. Ein Lächeln erscheint auf meinem Gesicht. Die Kinder sind auch heute mein grosses Glück. Durch sie habe ich den Sinn des Lebens erkannt. Kinder sind offen und direkt, man kann ihre Zeichen und Aussagen vollumfänglich ernst nehmen. Sie überlegen nie, was sie sagen, sondern sprechen aus dem Herzen. Durch ihre Spontanität verhelfen sie einem immer wieder zu neuer Lebensfreude. Ich wünsche mir oft, dass Adrian Alina und Cédric erleben könnte.

Alina entwickelte sich von Anfang an prächtig. Sie ist ein wunderbares, völlig problemloses Kind. Für uns war sie immer ein wahrer Sonnenschein. Oftmals hatte ich das Gefühl, Alina sei einem an Reife überlegen. Die Säuglingsschwester sagte einmal, sie spüre in Alina eine alte Seele. Wir genossen das Leben zu dritt. Nebenbei schrieb ich viel, fotografierte und war mit Alina täglich draussen.

Adrian hatte im Geschäft viel zu tun. Er hatte es ja erst kurz nach Alinas Geburt übernommen.

Als Alina ihren ersten Geburtstag feierte, hatte ich das erste Mal das Gefühl, erneut schwanger zu sein. Ich sagte niemandem etwas und vereinbarte beim Gynäkologen einen Termin. Meine Vermutung wurde bestätigt. Adrian und ich waren sehr glücklich über diesen Bescheid. Die Schwangerschaft verlief, wie bei Alina, völlig problemlos. Sie wurde jedoch ein wenig überschattet durch die Hospitalisierung meiner Pflegemutter. Drei Wochen vor Cédrics Geburt starb mein geliebtes Mami im Spital an einer Lungenembolie. Ich bin dafür dankbar, dass mein Pflegevater mir die Gelegenheit bot, mich von meiner Pflegemutter zu verabschieden. Er rief mich an diesem Freitag ganz früh morgens an und sagte mir, ich solle Alina ins Auto packen und ins Spital fahren. Als ich die Treppe vom Parkplatz zum Spital hinauflief und zum Krankenzimmer meiner Pflegemutter schaute, sah ich meinen Pflegevater am Fenster stehen. Ich spürte, dass meine Pflegemutter bald von uns gehen würde, ich spürte das in diesem Augenblick intuitiv. Es brauchte grosse Kraft und Überwindung, das Zimmer zu betreten und mein Mami, das immer für mich dagewesen ist, sterbenskrank in diesem Spitalbett liegen zu sehen. Mein Pflegevater nahm mir Alina ab und ging mit ihr ans Fenster. Ich legte mich zu meiner Pflegemutter ins Bett und hielt sie ganz fest. Wir nahmen dann auch noch Alina zu uns. Als ich das Zimmer verliess, wusste ich, dass ich sie auf dieser Welt nie mehr sehen würde. Wir hatten uns mit Blicken voneinander verabschiedet, denn das Sprechen war ihr nicht mehr möglich. Mein Bruder und mein Mann gingen dann gegen Mittag ins Spital. Nach dem Mittagessen rief ich Adrian an und fragte ihn, ob Mami gestorben sei. Er bejahte und erzählte mir, dass sie ganz friedlich eingeschlafen sei und anschliessend die Kirchenglocken der neben dem Spital liegenden Stadtkirche geläutet hätten. Meine Pflegemutter war ein ganz besonderer Mensch, herzensgut, sozial und aufopfernd, aber auch intelligent und interessant, belesen und lustig. Ich konnte viel von ihr lernen, durfte immer Freundinnen und Freunde heimbringen, sie war einfach immer da. Dank ihr und meinem Pflegevater hatte ich trotzdem eine schöne Kindheit. Mein Pflegevater zerbrach fast am Tode seiner Frau, und mir erging es eigentlich nicht viel anders. Ich hätte mir zu diesem Zeitpunkt so sehr gewünscht, dass Mami unser Kindlein noch in den Armen halten könnte. Heute weiss ich, dass die beiden sich gut kannten, Cédric kam von dort, wo Mami hinging, in die geistige Welt, wo alles eins ist. Adrian war für mich auch in dieser Zeit eine grosse Stütze. Zum Schutz unseres ungeborenen Kindes legte ich symbolisch immer ein weisses Tuch um meinen Bauch. Nichts von meiner Trauer sollte zu unserem Kindlein gelangen. Ich funktionierte gut und erledigte den ganzen anfallenden Schreibkram, der bei einem Todesfall zu erledigen ist. Ich verschob meine Trauer bewusst auf einen späteren Zeitpunkt und konzentrierte mich ganz auf die bevorstehende Geburt unseres zweiten Kindes. Die Geburt verlief wiederum sehr harmonisch. Es war ein eindrückliches Erlebnis, ganz anders zwar als beim ersten Mal, aber unsere beiden Kinder sind auch sehr unterschiedlich in ihrer Art und Weise. Ich hatte an einem Sonntagmorgen einen Termin im Spital für ein CTG (Cardio-Tomographie), weil der Gynäkologe am nächsten Tag nach Amerika abflog. Für mich war es sehr wichtig, dass ich die Geburt mit diesem Arzt erleben durfte. Ich sprach mit unserem

Kind und bat es von Herzen, bald auf die Welt kommen zu wollen. Ich streichelte über meinen Bauch, hörte Vivaldi aus dem Spitalradio und plötzlich, ich war immer noch im Untersuchungszimmer, setzten die Wehen ein. Die Hebamme war ganz erstaunt über das fortgeschrittene Stadium und stellte nach einer Untersuchung fest, dass es wohl nicht mehr allzu lange dauern würde, bis das Baby kommt. Sie telefonierte mit dem Arzt und mit Adrian, und beide kamen gleichzeitig ins Gebärzimmer. Ich befand mich kurz vor den Presswehen. Grosse Erleichterung stellte sich ein, als ich Adrian sah. Kurz darauf erblickte Cédric das Licht der Welt. Es war wunderschön. Nun war unser Glück komplett. Eine gesunde Tochter, einen gesunden Sohn, was will man mehr? Nach einer Woche durften wir nach Hause, wo wir von Adrian und Alina sehnsüchtig erwartet wurden. Nun hatte ich ganz stark das Bedürfnis, auf den Friedhof zu gehen und mit meiner Pflegemutter zu sprechen, ihr von der Geburt zu erzählen und ihr zu danken für alles, was sie für mich getan hatte.

Ich beschäftigte mich immer schon mit dem Leben und dem Tod, insbesondere auch, weil ein guter Freund von mir mit dreiundzwanzig Jahren freiwillig aus dem Leben gegangen ist. Immer wieder tauchten Fragen auf, immer wieder werden Fragen auftauchen. Ein schönes Erlebnis verband mich mit meinem Bruder. Ich erzählte ihm, dass ich Mami gebeten hatte, Adrian gut bei sich aufzunehmen und ihn in der geistigen Welt zu begleiten. Daraufhin schaute er mich an und sagte, er habe zu Adrian gesprochen und ihm gesagt, er hoffe, dass er Mami gefunden habe. Die beiden hatten sich sehr lieb, und der Tod meiner Mutter schmerzte auch Adrian sehr. Adrian hatte immer Angst vor dem Tod, er wollte gar nichts davon wissen und nicht darüber sprechen. Ich weiss auch nicht, wie das Miterleben von Mamis Tod damals auf ihn gewirkt hat, er wollte nie darüber reden. Warum muss man Angst vor dem Tod haben? Ich habe keine Angst vor dem Tod, ich denke, es ist einfach ein Übertritt in eine geistige Welt, in eine Welt, in der es keinen Kummer, keine Sorgen und keine Ängste gibt. Eine Dichterin schrieb einmal in einem Gedicht: «Den eignen Tod, den stirbt man nur, doch mit dem Tod der andern muss man leben.»

Drei Monate nach dem Tod meiner Pflegemutter zogen wir um. Endlich hatten wir unsere Traumwohnung gefunden: gross, hell, sonnig, wir konnten atmen, uns frei bewegen, uns entfalten. Man konnte tanzen in dem riesigen Wohnzimmer, und alles schien perfekt zu sein. Adrian hatte die ganze Wohnung alleine eingerichtet. Als ich das erste Mal nach dem Umzug die Wohnung betrat, blieb mir fast der Atem stocken. Es war wunderschön, genau wie wir es besprochen hatten. Im darauffolgenden Herbst, als eigentlich alles hätte gut sein können, fiel Adrian in eine Depression. Er sprach nie darüber, und wir alle waren wohl mit der Situation überfordert oder nahmen sie nicht ernst genug. Adrian zog sich immer mehr in sich zurück, wurde introvertiert und sporadisch immer wieder verletzend. Ich hatte eine solche Phase mit Adrian noch nie erlebt. Wir entschlossen uns, über die Neujahrstage gemeinsam wegzufahren, um wieder einmal die Zweisamkeit in Ruhe geniessen zu können. Da Adrian aber viel zu tun hatte, mussten wir die Reise annullieren. Im Frühjahr entschieden wir uns, dass Adrian für eine Woche nach Hong Kong reisen würde, da er dringend Erholung, Ruhe und einen Tapetenwechsel brauchte. Hong Kong wählten wir aus zwei Gründen: Erstens war es ein grosser Wunsch von Adrian, diese Stadt noch zu erleben, bevor sie wieder an China zurückfiel, und zweitens organisierte der Fussballverband, weil die Schweiz an einem Cup in Hong Kong teilnahm, eine Spezialreise. Adrian und Dulyn, seine Schwester, fuhren schon einige Male mit dieser Reisegruppe zu Länderspielen der Fussballnationalmannschaft.

Während dieser Ferienwoche gelangte ich zu Hause an die Grenzen meiner Belastbarkeit. Beide Kinder bekamen die Masern, und ich hatte ebenfalls Fieber. Zudem hatte ich die ganze Woche ein ungutes Gefühl, ich konnte mir nicht erklären, woher das kam. Der Gedanke, dass ich erneut in Erwartung sein könnte, erhärtete sich von Tag zu Tag. Ich nahm mir vor, die kommende Woche den Arzt zu konsultieren. Wie schön wäre ein drittes Kind, vielleicht würde das auch Adrian aus seiner Krise helfen.

Am Dienstagnachmittag jener Woche hatte ich die Gelegenheit, alleine einen langen Spaziergang zu unternehmen. Eigentlich wollte ich mich an den See setzen und lesen, aber ich fand die innere Ruhe nicht und lief weiter. Nach ungefähr einer Stunde stand ich am Grabe meiner Pflegemutter. Ich brach zusammen und musste weinen. Ich bat meine Pflegemutter um Hilfe. Alles, was geschah, war das Erscheinen eines Bildes. Das Bild zeigte die Hand meiner Mutter, die Adrian die Hand hinstreckte. Er nahm ihre Hand, fertig, Bild aus. Alles wurde noch viel schlimmer, ich strich das Bild sofort aus meinem Gehirn und machte mich im Eiltempo auf den Heimweg. Am Abend nahm ich meine Bettdecke und legte mich vor das Feuer im Kamin. Wieder überkamen mich grosse Zweifel und Traurigkeit. Wo war mein sorgloses Leben geblieben? Am darauffolgenden Tag sollte Adrian nach Hause kommen. Wenn nur alles gut ging auf der Heimreise. Das Telefon klingelte. Adrian war am Apparat. Er erzählte mir, dass er sich gar nicht auf den Flug freue, weil es ihm gesundheitlich schlecht gehe. Er habe irgend etwas aufgelesen, wisse nicht was und wo. Er denke, eine Grippe habe auch ihn heimgesucht.

Schon bald werden wir wieder zusammen sein. «Ich freue mich auf Euch, ich liebe Dich», sagte Adrian, bevor er den Hörer auflegte. Ich brachte vor lauter Beklommenheit wegen meiner rational unbegründeten Gedanken kein normales Wort heraus und hörte einfach nur zu. Ich lag weiter weinend am Feuer und hoffte, der Morgen würde bald da sein und Adrian wieder zu Hause. Ich vermisste ihn sehr. Die beiden kranken Kinder hatten mich in dieser Woche sehr gebraucht, vielleicht zum Glück, so hatte ich nicht so viel Zeit, meinen Gedanken nachzuhängen.

Der Morgen war da und ich ging mit meinen Kindern in den Park auf den Spielplatz. Nach einer Woche zu Hause genossen sie das Spielen im Freien in vollen Zügen. Auch ich tankte Licht und Sonne und hoffte, dass ich bald wieder Kraft bekomme, mich endlich wieder sicher und stark fühlen würde. Ich kannte mich so nicht, konnte mir meinen Zustand nicht erklären. Gegen mittag kehrte ich mit Alina und Cédric nach Hause zurück. Bald darauf kam Adrian zur Tür herein. Die Freude war gross. Die Kinder jubelten. Wir beide wussten jedoch schon beim ersten Augenkontakt, dass etwas nicht war wie sonst. Ich wurde noch unsicherer, und Adrian hüllte sich in Schweigen, lief mir aber fast jeden Schritt nach. Ich spürte, er wollte mir etwas sagen, fand aber die Worte nicht. Ich schwieg, Adrian schwieg. Man sprach über Nebensächlichkeiten, wie die Woche gewesen war, und Adrian spielte vor allem mit Alina und Cédric. Der Nachmittag ging vorüber und es wurde Abend. Als die Kinder im Bett waren, hatte sich für mich die Stimmung so zugespitzt, dass ich das Schweigen nicht mehr länger ertragen konnte. «Was ist eigentlich los?» fragte ich Adrian. Er schaute mich traurig an und gab zur Antwort: «Ich habe eine Frau kennengelernt. Ich habe Dein Vertrauen missbraucht, ich habe versagt.» Ich fühlte, wie ich den Boden unter den Füssen verlor und lief davon. Ich fuhr zu Arlette nach Ringgenberg und wusste gar nicht, was ich eigentlich dort wollte. Ich wollte vielleicht nur, dass mich jemand in den Arm nahm, mir erklärte, was um mich herum geschah. Ich erzählte ihr, was Adrian mir gesagt hatte und weinte: «Warum nur muss er mir so weh tun, mich so verletzen?» Arlette versuchte wie immer, Ruhe zu bewahren. Sie riet mir, jetzt wieder nach Hause zu fahren und mit Adrian zu sprechen. Ich hatte Angst, heimzugehen, da ich wusste, dass das Weglaufen völlig falsch gewesen war. Ich hatte jedoch nicht anders handeln können. Ich war geschockt. Zu Hause angelangt, lag Adrian bereits im Bett. «Bitte erzähl mir, was passiert ist!» bat ich Adrian. «Ich habe Dein Vertrauen missbraucht, ich habe eine Frau kennengelernt, wir sind uns näher gekommen, ohne dass ich das bewusst gewollt hätte. Ich kann mir das alles nicht erklären.» Ich war überfordert und musste nur noch weinen. Adrian weinte ebenso. Wir konnten nicht reden, hätten wohl Hilfe von aussen gebraucht, um mit dieser Situation fertig zu werden. Die Nacht ging weinend vorbei, wir kamen nicht weiter. Adrian ging am Morgen wieder zur Arbeit. Ich packte die Kinder ein, hielt es zu Hause nicht aus, und fuhr an die Lenk. Ich wusste, dass Adrian dort arbeitete. Ich rief ihn von dort aus an, und wir trafen uns an der Simme. Adrian weinte nur noch, war gedanklich ganz weit weg, war nicht mehr ansprechbar. Wir trennten uns nach drei Stunden, und als ich zu Hause war, rief mich Arlette an. Sie sagte mir, Adrian habe sie angerufen und ihr die Geschichte erzählt. Sie schlug ihm vor, Alina und Cédric am Wochenende zu hüten, damit wir Zeit füreinander hätten und die Angelegenheit ausdiskutieren könnten. Adrian bedankte sich und sagte ihr, er werde sich diesbezüglich melden. Er sagte Arlette auch, dass er wisse, dass man das nicht verzeihen könne, was er getan habe. Arlette beruhigte Adrian und sagte ihm, es werde auf jeden Fall alles wieder gut kommen. Adrian gestand sich selber aber keine Fehler zu, er wollte überall perfekt sein, im Beruf, in der Familie, im Sport, äusserlich, innerlich, einfach überall. Fehler lagen für ihn nicht drin.

Zum Abendessen kam Adrian nach Hause. Er erwähnte das Telefongespräch mit Arlette nicht. Während des Abendessens sagte ich Adrian, dass ich das Gefühl habe, schwanger zu sein. «Das wäre jetzt aber das Letzte, was wir brauchen können,» erwiderte Adrian zu meinem Entsetzen. Anstatt zu schweigen sagte ich daraufhin: «Du versündigst Dich mit Deinen Äusserungen, Adrian.» Jetzt war ich wirklich wütend, diese Reaktion hatte mir gerade noch gefehlt. Es herrschte wieder Schweigen. Adrian spielte mit den Kindern, ich wusch das Geschirr ab.

Dann bereiteten wir die Kinder gemeinsam auf die Nacht vor, lasen ihnen eine Geschichte vor, sangen, beteten und verliessen das Kinderzimmer.

Ich hätte Töpfern gehabt an diesem Abend. Da ich mich wie erschlagen fühlte, ging ich ins Schlafzimmer und legte mich auf das Bett. Adrian kam und legte sich neben mich. Wir schauten einander an, und ich hätte ihn so gerne umarmt, ihn gespürt, aber mein verletzter Stolz kam mir in die Quere. «Anstatt mich nur so anzuschauen, würdest Du gescheiter erklären, warum und was genau überhaupt vorgefallen ist.» Adrian stand auf und verliess das Schlafzimmer, verliess die Wohnung, verliess das Haus, verliess alle hier – für immer. Sein Weg führte nach Bern, ca. 30 km von zu Hause entfernt. Dort parkierte er vor dem Lieferanteneingang des Casinos sein Auto, lief zu der nahegelegenen Kirchenfeldbrücke und sprang mit einem Flankensprung in die Tiefe. Die Brücke ist ca. 35 m hoch, Adrian hatte keine Chance, den Sprung zu überleben. Er stürzte sich in der Dunkelheit in die Tiefe. Es war 19.50 Uhr. Die Münsterglocken läuteten um 20.00 Uhr. Adrians Körper fiel auf die Strasse, seine Seele flog in den Himmel. Er wurde ganz bestimmt aufgefangen und fand Ruhe und Frieden.

Als ich zu Hause bemerkte, dass Adrian ausser Haus war, rief ich im Geschäft und bei Kollegen an. Niemand hatte etwas von Adrian gehört. Erika kam nach dem Anruf zu mir, weil sie spürte, dass ich jemanden bei mir brauchte. Ich hatte das Gefühl, dass etwas nicht in Ordnung war, ich machte wohl alle um mich herum verrückt. Raffale und Bernhard fuhren die ganze Umgebung Interlaken/Thun/Bern ab, um Adrian zu suchen. Sie fanden ihn nirgendwo. Er hatte uns zu diesem Zeitpunkt bereits verlassen. Um ca. 23.00 Uhr entschied ich mich, die Polizei zu verständigen. Ich fragte nach, ob ein Autounfall passiert sei. Der Kantonspolizist verneinte, wollte aber wissen, was Adrian denn für Kleider getragen habe. Das kam mir komisch vor, aber irgendwie war ich über die Mitteilung, dass nirgends ein Unfall passiert war, so erleichtert, dass ich dieser Frage keine Aufmerksamkeit mehr schenkte. Eine halbe Stunde später klingelte es an der Haustüre. «Adrian» rief ich und rannte zur Tür. Schockiert stand ich vor zwei Polizisten. Ich wusste nicht mehr, was das alles zu bedeuten hatte. Die Polizisten fragten mich, ob ich meinen Mann vermissen würde. Sie fragten nach seinem Aussehen und dem Zeitpunkt, wann er von zu Hause weggegangen sei. Dann zeigten sie mir ein Plastiksäcklein mit einem Autoschlüssel und einem Ehering und fragten mich, ob diese Sachen Adrian gehören würden. Ich schaute rein, bejahte ihre Frage und wollte wissen, wo Adrian sei. Der ältere Beamte sagte dann, dass Adrian nicht mehr unter uns weilen würde, dass er die Welt freiwillig verlassen habe und ich jetzt stark sein müsse, weil er mir einige Fragen zu stellen habe. In der gleichen Sekunde, als er das sagte, verliessen mich meine Kräfte. Ich wollte nicht mehr, ich konnte nicht mehr, ich glaubte einfach nicht, was meine Ohren hörten. Ich sagte immer nur: «Das ist nicht wahr, das ist nicht wahr.» Ich wiederholte das so oft, bis sie dachten, ich sei völlig durchgedreht und mich zu einem Arzt brachten. Beim Arzt war ich ganz ruhig, wollte nicht reden, hörte einfach zu. Er empfahl mir, keine Medikamente einzunehmen, sondern alles durchzustehen. Er erklärte mir, dass nach dem Aufwachen der Schmerz immer wieder da sein werde, und es besser ist, ihn voll und ganz zu durchleben und zu ertragen. Ich stimmte ihm zu. Als wir wieder nach Hause kamen, waren auch Raffaele und Bernhard eingetroffen und hatten die Schreckensmeldung erfahren. Bernhard blieb über Nacht da und legte sich auf das Sofa. Er erledigte am nächsten Tag alle formellen Angelegenheiten, die so schmerzten, dass ich nie die Kraft gehabt hätte, sie zu erledigen. Er machte das ungefragt, und ich war ihm sehr dankbar dafür. Tagelang wollte ich das Geschehene nicht wahr haben, kapselte mich ab, wollte nur mit den Kindern, meinen engsten Freunden, meinem Vater und meinem Bruder zusammen sein.

Ich wollte sonst niemanden sehen. Täglich klingelte Dutzende Male das Telefon, Leute standen vor der Tür, und der Briefkasten quoll über vor Post. Für alle war es nicht zu glauben, unvorstellbar und einfach nicht realistisch, dass Adrian nicht mehr unter uns sein sollte. Irgendwie fand ich dann die Kraft dazu, eine Todesanzeige aufzusetzen. Der Spruch auf dieser Karte hilft mir noch heute über den Verlust meines Mannes hinweg. Früher irgendwann einmal hat meine Pflegemutter dieses Gedicht aus einer Zeitung geschnitten und es aufbewahrt. Wir haben es auch bei ihrer Beerdigung vorgelesen. Es ist so schön und zutreffend. Der Text lautet:

«*I bi bi dir*
Gang nid zu mim Grab, gang nid dert ga briegge, solang du a mi dänsch, bi-n-i nid tod, i bi bi dir i tuusig Erinnerige, i jedem Lied, wo mer hei mitenand ghört bin-i bi dir. Im sanfte Früehligswind, wo über d'Fälder stricht, im Sturm, wo i de Böime ruuscht, im wilde Wasser, wo em Meer zue zieht bi-n-i bi dir. A jedem nöie Tag, Härz bsinn di dra, solang du a mi dänksch, bi-n-i bi dir, bi-n-i nid tod.» G. Schindler

(Zu Deutsch:
«Ich bin bei dir
Geh nicht zu meinem Grab, geh nicht dorthin zu weinen, solange du an mich denkst, bin ich nicht tot, ich bin bei dir in tausend Erinnerungen, in jedem Lied, das wir miteinander hörten, bin ich bei dir. Im sanften Frühlingswind, der sanft über die Felder streicht, im Sturm, der in den Bäumen rauscht, im wilden Wasser, das dem Meer zufliesset, bin ich bei dir. An jedem neuen Tag, Herz besinn dich daran, solange du an mich denkst, bin ich bei dir, bin ich nicht tot.»

Während dieser ersten Woche nach dem Tode von Adrian wurde ich von meiner Familie und meinen Freunden so getragen, dass ich es fast nicht glauben konnte. Es war eine unwahrscheinlich wertvolle Erfahrung, zu spüren, dass ich in meinem Schmerz nicht allein war, dass viele Leute meine Trauer teilten. Ich war nie alleine in der Wohnung, es war immer jemand da, jeden Tag, jede Nacht. Ich bin dankbar für dieses Erlebnis. In so einer schweren Situation merkt man sofort, ob man richtige Freunde hat oder nicht. Unsere Freunde stellten sich restlos alle als wahre Freunde heraus. Auch unsere Nachbarn waren immer und zu jeder Tages- und Nachtzeit für mich da. Immer und immer wieder verbrachten Doris, Michael und ich die Nächte wach am Tisch und liessen die Zeit vergehen, wir weinten, wir lachten, wir hielten einander, ich spürte einfach ihre Anteilnahme, und das tat unwahrscheinlich gut.

Nach wie vor weigerte ich mich zu glauben, was geschehen war. Ich weigerte mich auch, Adrian zu identifizieren. Ich wollte Adrian nicht tot sehen, für mich lebte er. Mein Vater, mein Bruder und zwei Freunde erledigten dann diese schwere Aufgabe und holten gleichzeitig auch Adrians Auto von Bern nach Thun zurück. Im Auto fanden sie eine Nachricht von Adrian, die sie mir zwei Wochen lang vorenthielten. Warum, weiss ich auch nicht. Adrian schrieb: «Ich bin es nicht wert, geliebt zu werden. Liebe Grüsse an alle. A. Smaic». Ich verstand die Welt nicht mehr, ich verstand gar nichts mehr. In der Nacht vor der Beerdigung wurde mir klar, dass ich Adrian unbedingt noch einmal sehen wollte. Ich musste ihn sehen, um sicher sein zu können, dass er nicht mehr zurückkommt. «Ich gehe in die Aufbahrung,» sagte ich zu Erika, die in der Küche stand und das Frühstück vorbereitete. «Du gehst ganz sicher nicht alleine in die Aufbahrung. Spinnst Du?» «Doch,» erwiderte ich, «und zwar jetzt». Ich ging dann aber nicht alleine, weil das wohl wirklich nicht gut gewesen wäre. Ich wäre ganz sicher nicht mehr zurückgekommen. Werner und Rosmarie begleiteten mich auf diesem Weg. Für sie beide war es auch sehr schwierig. Ich orientierte mich zuerst nur aus dem Augenwinkel, vermied jeden Blick auf den Sarg. Als ich den Raum einigermassen aufgenommen hatte, schaute ich in den Sarg. Adrian. Adrian lag im Sarg. Ich konnte es einfach nicht glauben. Ich brach wieder zusammen, schrie und war völlig verzweifelt. Warum? Warum lag mein Mann hier? Warum hatte er das getan? Ich ging zu ihm, setzte mich neben den Sarg, berührte meinen wunderschönen, geliebten Mann. «Öffne Deine Augen, ich bin da,» flüsterte ich. Die Augen waren nicht ganz geschlossen. Nichts geschah, aber ich merkte, dass Adrian ganz nahe bei mir war, fühlte ihn fast körperlich. Die Kälte seines Körpers, die Starre, schockierten mich unsagbar. Ich konnte überhaupt nicht damit umgehen, und Werner und Rosmarie mussten mich fast wegtragen, dass ich mich lösen konnte. Der Nachmittag – die Beerdigung. Unzählige Leute wollten sich von Adrian verabschieden, die Kirche platzte fast aus allen Nähten. Ich bekam nichts mit, war geschockt und zu Eis erstarrt. Aus den Lautsprechern ertönte Andrea Bocelli. Adrian hatte auf seinem letzten Weg im Auto diese Musik gehört. «Time to say goodbye». Ich hatte mit dem Pfarrer vereinbart, dass es für mich beim Abschiednehmen von äusserster Wichtigkeit ist, dass der Sarg mit Adrian in der Kirche anwesend ist. Der Sarg war nicht da. Der Pfarrer war zwar einverstanden, aber die Reformierte Kirchgemeinde Thun hatte ihre Einwilligung zu diesem, meiner Ansicht nach ganz normalen Bedürfnis, nicht gegeben. Somit stimmte das Abschiednehmen für mich nicht. Was sollte ich in der Kirche, wenn Adrian nicht dabei war? Nach der Beerdigung wollte ich unbedingt an den Ort des Geschehens, ich musste genau sehen, wo Adrian die Welt verlassen hatte. Zu fünft machten wir uns auf den Weg nach Bern. Ich gab mich im Auto meiner Müdigkeit hin und versuchte nachzuempfinden, was Adrian auf seinem letzten Weg auf diese Strasse wohl gedacht haben mag. Das Erlebnis auf der Brücke war sehr schlimm, überforderte uns alle, war aber trotzdem sehr wichtig.

Wenn ich heute auf diese erste Woche nach Adrians Tod zurückblicke, liegt schon eine lange Wegstrecke hinter mir. Ich denke an die vielen Menschen, die tagtäglich diesen Weg wählen, keinen andern Ausweg mehr sehen. Es handelt sich um Menschen wie Du und ich. Sie sind nicht anders, sie sind wohl einfach viel sensibler und tiefgründiger. Vielleicht sind sie auch einfach viel zu gut für unsere kranke Gesellschaft. Täglich scheiden in der Schweiz durchschnittlich vier bis fünf Personen freiwillig aus dem Leben. Diese Anzahl ist seit vielen Jahren konstant. Die Dunkelziffer der Selbstmordversuche ist noch vier- bis fünfmal höher.

Thomas Kopka schreibt in seinem Buch «Sehnsucht ohne Hoffnung»: «Der Entschluss zum Selbstmord ist nicht etwas Abartiges, sondern nur eine extreme Form menschlichen Handelns. Unser Leben verläuft nicht immer glatt und gerade, wir treffen auf unserem Weg auf Verwerfungen, Verirrungen und Sackgassen, und wir werden sie und uns besser verstehen können, wenn wir den Menschen auch in seiner extremsten Entscheidung kennenlernen.»

Weiter las ich ein Gedicht, welches wohl die Gefühle der Hinterbliebenen so treffend widerspiegelt, wie es sonst nur schwer in Worte zu fassen ist. Den Schmerz in Worte zu fassen, ist unmöglich. Das Gedicht ist schon alt. Es wurde 1941 von Halldis Moren Vesaas verfasst und ist Karin Boye gewidmet, die damals durch Suizid aus dem Leben geschieden war:

«War da nicht eine einzige Hand,
die sich ausstreckte nach dir,

43

als der Boden unter deinen Füssen ins Wanken geriet?
Jetzt stehen wir hier mit leeren Händen
und schauen auf eine verschlossene Tür.
Alle Wärme, die wir besitzen,
hätten wir dir anbieten sollen.
Wir hätten es früher tun sollen.

Die Einsame floh schliesslich aus ihrer Einsamkeit.
Die Frierende ist erfroren.
Stand denn auf der Welt nicht ein einziger
Mensch deiner Seele so nah, dass er dich
schützen konnte mit seinem Feuer gegen die
Kälte? – Dein Tod gibt Antwort. Du hast dich
suchend umgesehen, bevor du gingst,
aber Feuer konntest du nirgends entdecken.

So viele treibt es jetzt in den Tod, die nur
nach Leben streben.
Du aber warst Todes-Freiwillige.
Du beugtest dich, müde und wund,
dem Tod und batest um Erlösung,
und jetzt hat er dir deine Bitte erfüllt.
Ein «Danke» war wohl der letzte Hauch deiner Stimme,
als er dich sanft davontrug.

Wir wissen: Wir sollen nicht trauern deinetwegen.
Du selbst hast das gewählt.
Nur: Jetzt wo dein Leben erloschen ist, spüren auch wir,
wie kalt es ist um uns herum.
Gerade dich wollten wir heute abend bei uns haben,

und frierend, einsam, zieht es uns an das Feuer,
das du entfacht hast.»

Was treibt mich dazu, meine Gefühle so offen zu schildern, meine tiefsten Empfindungen auf's Papier zu bringen und sie weiterzugeben? Es ist das Gefühl des Alleinseins mit dem Schmerz. Stundenlang stöberte ich in Buchhandlungen herum, suchte Bücher über Suizid und fand nur ganz wenig darüber. Suizid gilt als Tabu-Thema in unserer Gesellschaft. In den Trauerbüchern ist, wenn überhaupt, diesem Thema oft nur ein ganz kurzer Abschnitt gewidmet. Sachbücher habe ich auch gelesen, es war aber nicht das, was ich gesucht hatte. Ich hätte so gerne gelesen, dass meine gelebten Gefühle normal sind, dass auch andere Leute diesen Zustand überlebt haben, dass die Ohnmacht irgendwann vorbeigehen wird, dass das Leben irgendwann wieder überschaubar und transparent werden wird.

Als ich erfahren hatte, wo Adrian aus dem Leben geschieden war, wusste ich, dass es sein Lieblingsplatz war. Zeitlebens wünschte er sich, seinen Lebensabend einmal im Matte-Quartier zu verbringen. Jetzt hat er dort seine Ruhe gefunden. Für mich war fast klar, dass ich dort nie mehr hingehen werde, dass eine Konfrontation mit dem von uns beiden geliebten Berner Quartier sehr schmerzhaft sein würde.

Jörg Zink schrieb in einem seiner Bücher:

«Du sagst, du wollest jetzt an der Stelle bleiben, an der er dich verlassen hat, an der dunklen Grenze, vor der du seitdem stehst, weil du dort und nirgends sonst die Kraft findest, um weiterzuleben.»

Genau dieser Gedichtsausschnitt brachte mich zu der Überzeugung, auf die Kirchenfeldbrücke zu gehen, von der Adrian gesprungen war. Ich musste hinunterschauen, ich musste darunter stehen, ich musste diese Brücke spüren, sie anschauen. Immer wieder begleiteten mich Michael oder Doris dorthin. Wir parkierten das Auto und liefen zu Fuss zu Adrians Parkplatz. Dann weiter auf die Aussichtsterrasse bei der Münsterplattform, von dort weiter zu der Brücke, dann manchmal noch unter die Brücke. Ich ging solange hin, bis ich es nicht mehr brauchte. Die Brücke zog mich magisch an. Hier spürte ich Adrian. Hier erlebte ich auch zwei besondere Ereignisse, doch davon später. Sehr eindrücklich war für mich, als ich mit meinen Kindern zu der Brücke ging. Wir besuchten an einem Sonntagmorgen das Museum in Bern, das ganz in der Nähe liegt. Ich entschied mich spontan, mit meinen Kindern die Brücke von der anderen Seite her zu überqueren. Ich sagte kein Wort. Oberhalb der Aare fragte mich Alina, ob ich hier runterspringen würde. Ich verneinte. Sie fragte, warum nicht. Ich antwortete, weil ich dann tot sein würde. Sie fragte weiter, ob denn Leute hier runterspringen würden. Ich sagte ja, leider. Darauf Alina: Warum? Ich entgegnete: Sehr wahrscheinlich, weil sie so müde wären, dass sie keine andere Lösung mehr sehen würden, als in den Himmel zu springen. Wir gingen zum Auto und fuhren nach Hause. Alina spielte bei Maya mit kleinen Puppen nun dauernd Stürze und Beerdigungen, für sie eine ganz wichtige Erfahrung. Zu einem späteren Zeitpunkt gingen wir ganz gezielt auf die Brücke, zündeten eine Kerze an, hielten einander ganz fest, weinten und trösteten uns. Das war ein eindrückliches Erlebnis für mich. Es war mir immer ganz wichtig, die Fragen meiner Kinder so ehrlich und offen wie möglich zu beantworten. Leider muss ich ihnen auf viele Fragen einfach sagen: «Ich weiss es nicht, niemand weiss es.»

Nach Adrians Tod stand ich nun da mit meinen beiden kleinen Kindern und dem Heizungs- und Sanitärgeschäft meines Mannes, von dem ich keine allzu grosse Ahnung hatte. Ich stand da mit meinem Kummer, meinem Schmerz und meiner Leere. Wie soll es weitergehen? Ich kann nur immer wieder betonen, dass ich es ohne die vielen lieben, wertvollen, geduldig zuhörenden und helfenden Menschen um mich herum nie geschafft hätte, wieder Fuss zu fassen. Leider gibt es auch Leute, die die vorübergehende Labilität einer Trauernden auszunutzen versuchen oder auf deren Gefühle keine Rücksicht nehmen. Auch hierbei haben mir die Gespräche mit Doris, Arlette und Erika immer wieder gut getan.

Ich fing für Adrian ein neues Tagebuch an, alle meine vorherigen Tagebücher habe ich in den Kehrichteimer geschmissen. Sie sind für mich nicht mehr wichtig. Es ist vorbei. Das erste Jahr nach Adrians Tod möchte ich nun anhand dieses Tagebuches Revue passieren lassen:

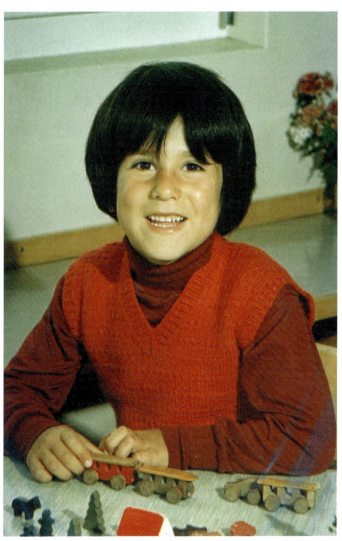

Adrian als Junge

H O N G 香港 K O N G

8.2.97

Lieber Töme

ich bin hier vom Hotel
an the à sicht, das
ich ejul toumbuft,
ör setzt liest ta men
Walasenes.
As gfaut mes sehr viel
hie aber if freie mi
au tag viel an wen è geh

Grues von Papi

006 Panoramic view of HK after dark
夕暮れの香港の全景

Fam
C+A+C SMAHC
Hofackersh 3
5645 Gwott
SWIZERLAND

TOURISTS CARDS©

Die Todesbrücke

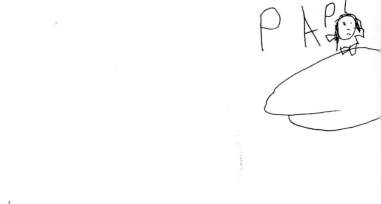

PAP[

I AM

von aeina zum
30. Februn
18.1097

SEIL

ALINA

Alina und Sédric, unsere Kinder

Am Grab von Papi

Tagebuch

Der Grund, weshalb ich dieses Tagebuch schrieb, ist der, dass ich mich nach dem Suizid meines Ehemannes völlig überfordert und alleine fühlte. Es war für mich die einzige Möglichkeit, meinen Gefühlen Ausdruck zu verleihen. Ich schrieb Adrian immer wieder Briefe, als ob er in einem fernen Land weilen würde. Ich möchte damit betroffenen Angehörigen und Freunden helfen, ihren Schmerz besser verstehen zu können und ihnen zeigen, dass es irgendwie möglich ist, weiterzuleben, auch wenn einem dies oftmals unmöglich erscheint.

Ich habe damals viele Bücher gekauft, geschenkt bekommen und ausgeliehen in der Hoffnung, irgendetwas über Suizid zu erfahren. Nach dem Suizid eines geliebten Menschen steht man ja nicht nur traurig da, sondern muss sich mit etwas auseinandersetzen, das einen ohnmächtig macht. Wie ist es möglich, dass ein Mensch, den man zu kennen glaubt, ein solches Ende für sich wählt?

Auf die Frage «Warum?» kann man in den wenigsten Fällen eine Antwort finden. Das Ziel ist, die Entscheidung des Menschen, der diesen Weg gewählt hat, zu respektieren. Ich wusste, dass mein Mann ein ernsthafter, realistisch denkender Mensch war, und deshalb sagte ich mir immer wieder, dass ich aus Respekt seiner Person gegenüber die Entscheidung zwar nie verstehen werde, aber anzunehmen versuchen würde. In der Trauerverarbeitung haben alle Gefühle Platz, durch welchen Schicksalsschlag sie auch immer eingetreten sind.

Den erlebten Schmerz zu beschreiben, dafür gibt es keine Worte. Richtig nachvollziehen können das nur Betroffene. Es geht mir aber auch darum, dass unsere Mitmenschen, die mit uns Trauernden manchmal überfordert sind, einen kleinen Einblick in das Seelenleben von Angehörigen nach Suizid eines geliebten Menschen erhalten und merken, dass eigentlich nur zwei Dinge zählen: Solidarität und Liebe. Mir tat es immer wieder gut, zu spüren, dass Menschen an meiner Seite waren, die an uns denken und mich mental begleiten.

27.02.1997, 19.20 Uhr

Lieber Adrian

Zum ersten Mal seit zwei Wochen bin ich für kurze Zeit mit Alina und Cédric allein in unserer Wohnung. Vor zwei Wochen bist du von hier fortgegangen. Fortgegangen, um deinem Leben ein Ende zu setzen. Damals war ich den ganzen Abend nervös, ich spürte, dass ich dich mental nicht mehr erreichen konnte. Den ganzen Tag habe ich versucht, mit dir zu sprechen, es ging nicht, du warst blockiert, abgeschaltet. Warum nur bist du gegangen? Was ist mit dir passiert? Nach wie vor ist die Tatsache, dass du gestorben bist, für mich nicht Realität. Immer denke ich, du kommst nach Hause. Als die Polizei mir an diesem Abend mitteilte, dass du tot bist, brach für mich alles zusammen. Ich konnte und wollte es einfach nicht glauben. Mit dir ist auch ein Teil von mir gestorben. Du warst der wichtigste Mensch in meinem Leben, meine absolute Vertrauensperson. Ich existiere, aber ich lebe nicht. Ich empfinde, aber ich fühle nicht. Die Leere, die mich umgibt, ist geheimnisvoll. Es ist, als ob ich auf einer langen Strasse gehe, rechts und links lauert der Wahnsinn. Ich leide an unkontrollierbaren Nervenzuckungen, habe keinen Appetit, erlebe verträumte Nächte, finde keine innere Ruhe mehr. Die ganze erste Woche lebte ich wie in Trance, dann kam der Tag deiner Beerdigung. Ich wusste, ich will dich noch einmal sehen, dich spüren, dich berühren, dich festhalten. Bitte, wach auf, hab' ich gedacht, als ich dich im Sarg liegen sah. Du warst so kalt, so starr und doch so wunderschön. Dein Haar war das einzige, was sich noch anfühlte, wie ich es in Erinnerung hatte. Ich streichelte dein Haar, fühlte dich und brach zusammen. Ich wünschte mir, dass alles nur ein böser Traum war, aus dem ich bald erwachen würde. Ich wünschte mir, dass du aufstehen und mich in die Arme nehmen würdest. Du lagst regungslos, eben tot, vor mir. Am Nachmittag dann die

Beerdingungsfeier. Adrian, ich liebe dich so sehr, bitte komm zu mir zurück, geh nicht weg, bleib hier, gib mir deine Wärme. Du bist mein Leben, ohne dich sehe ich keinen Sinn. Für uns, die wir noch hier sind, ist kein greifbarer Grund für dein Weggehen vorhanden. Wir waren glücklich, wir haben zwei wunderbare Kinder. *Warum?* Siehst du, ich frage schon wieder nach dem Grund.

Immer wieder kommen mir die Erinnerungen hoch. Weißt du noch, zwei Wochen vor deinem Tod waren wir mit Alina und Cédric Ski fahren. Wir haben gelacht über ihre Versuche und waren stolz auf unsere Familie. Oder magst du dich erinnern, als wir hierher umzogen? Wir sassen abends auf der Terrasse und konnten unser Glück kaum fassen, dass wir hier eine so schöne Wohnung gefunden hatten. Weißt du noch, wie du mir Lieder auf dem Klavier vorgespielt hast? Weißt du noch, wie wir uns geliebt haben, zärtlich und leidenschaftlich? Alles weg, einfach weg. Von einem Tag auf den andern ist die ganze Vergangenheit ausgelöscht. Wir haben uns an den Kindern gefreut, man konnte jetzt wieder viel mehr unternehmen. Cédric spricht schon gut, und Alina beim Malen und Zeichnen zu beobachten erfüllt mir das Herz mit Freude. Adrian, du hast doch gewusst, wie sehr ich dich liebe. Nun bist du einfach gegangen, hast mich hier mit den beiden Kindern allein gelassen. Deine Abschiedszeilen: «Ich bin es nicht wert, geliebt zu werden,» haben mir sehr weh getan.

Warum kamst du dir so wertlos vor? Du warst ein wunderbarer Mensch, ein toller Freund, Vater, Lebenspartner. Du hast hier so viele traurige Menschen zurückgelassen, die dich vermissen, denen du mit deiner lieben Art fehlst. An diesem verhängnisvollen Donnerstag hast du zu mir gesagt: «Ich liebe dich, ihr seid alles, was ich habe, aber ich habe euch nicht verdient.» Was sollte das bedeuten, Adrian?

Heute war Käthi bei mir. Sie ist ein wertvoller Mensch. Adrian, ich kann verstehen, dass dir Käthi sehr nah war, mir geht es genauso. Sie brachte eine Kerze für dich mit. Wir werden sie für dich anzünden und uns in ihrem Licht an dich erinnnern. Sie wird nur für dich brennen.

Bei unserer Heirat haben wir uns versprochen, dass wir uns lieben und ehren werden, bis dass der Tod uns scheidet. Hat er uns jetzt geschieden? Ich fühle mich dir so nah, ich will nicht ohne dich sein. Ich liebe dich.

Vorhin telefonierte ich mit Herrn N. von der Stadtpolizei Bern. Ich wollte unbedingt wissen, wo und wann genau die Tat geschah. Es geschah um 19.50 Uhr, und du sprangst von der rechten Seite der Kirchenfeldbrücke auf die Aarstrasse. Das hat mich schockiert. In irgendeinem Traum kam einmal der unter der Brücke liegende Sportplatz vor, auf welchem wir vor Jahren ein Konzert besucht hatten. Abschied genommen habe ich am Tage der Beerdigung über der Aare, und geschehen ist es auf der Strasse. Warum hat mir das niemand gesagt? Ich muss unbedingt dorthin gehen, ich muss sehen, wo genau es passiert ist.

Alina und Cédric geben mir Kraft, jeden Tag neu zu leben zu versuchen. Ich will ihnen eine gute Mutter sein und nicht immer und ewig weinen. Ich will mit ihnen offen über alles sprechen, wenn sie mir Fragen stellen. Ich komme dabei aber oftmals an die Grenzen meiner Kraft. Ich schaue hier und du schaust vom Jenseits, abgemacht? Gib mir Kraft und viel Liebe. Ich vermisse dich. Ich liebe dich.

01.03.1997, 00.55 Uhr

Michael hat mich nach Bern begleitet. Wir haben das Auto im Kirchenfeld parkiert und haben dann bewusst auf der linken Seite die Brücke passiert. Wir gingen zum Casino, zur Münsterplattform und schliesslich auf die Brücke. Das Dröhnen, wenn ein Tram darüber fährt, versetzte mir Hühnerhaut. Wir liefen dann zum Parkierort zurück. Ich stellte mir vor, wie du das Auto abgeschlossen hast und dann durch die vielen Leute «es war Berner Fasnachtsbeginn» zur Brücke gelaufen bist. Dulyn war zu diesem Zeitpunkt nur wenige hundert Meter von dir entfernt auf dem Bundesplatz. Wir gingen wieder zu der

Brücke und hielten über der Aarstrasse. Ich musste mich zwingen, runterzuschauen. Das kann doch nicht wahr sein! Es tut so weh. Wir standen eine kleine Ewigkeit, und alles erschien mir so unwirklich. Wenn ich nur nicht so viele Fragen hätte, wenn diese Leere in mir nur nicht so überwältigend gross wäre. Du fehlst mir so sehr.

Dann gingen wir unter die Brücke. Hier hat dein Körper gelegen, hier hat deine Seele deinen Körper verlassen, und du bist in ein anderes Bewusstsein getreten. Ich stellte mich genau an die Stelle, auf die dein Körper nach dem Sturz aufprallte. Ich schaute hinauf und war fassungslos. Stimmte das alles für dich wirklich? Musstest du auf diesem Wege zur Ruhe kommen? War deine Verzweiflung oder vielleicht auch dein Wunsch nach Ruhe so grenzenlos, so unwiderruflich?

Ich verstehe es nicht und werde es auch nie verstehen. Was für einen Kampf hast du gekämpft? Warum hast du dich niemandem anvertraut? Du besuchtest häufig den Friedhof, hat man mir im nachhinein gesagt. Warum? Du hast dich von deinem Beziehungsnetz abgekapselt, wolltest nur noch für dich sein, du hast dich von einem absoluten Familienmenschen in einen Einzelgänger verwandelt, und das innerhalb weniger Wochen. Du warst in den letzten sechs Wochen abwechselnd sehr anhänglich und dann wieder verletzend. Deswegen tut der Abschied von dir noch mehr weh. Es war nicht mehr möglich und wird es nie mehr sein, über dein Problem zu sprechen. Ich bin dankbar dafür, dass mir die 14 Jahre mit dir niemand nehmen kann, immer werde ich dich in meinem Herzen tragen. Unsere Kinder sind die Früchte unserer Liebe, und in ihnen lebst du weiter. Ich werde hier meine Aufgabe erfüllen, du hast deine wohl erfüllt, denn sonst wäre das nie passiert. Es gibt keine Zufälle, alles hat seine Zeit.

02.03.1997, 23.50 Uhr

Ich komme gerade aus dem Büro. Zum ersten Mal, seit du nicht mehr da bist, war ich im Büro. Ich sah überall deine Schrift, und ich musste weinen. Adrian, ich liebe dich. Ich vermisse dich. Spürst du das?

Alina hat heute den Schwimmkurs begonnen, den du mit ihr besuchen wolltest. Sie wäre gerne mit dir dorthin gegangen. Sie hat dich sehr vermisst, denn sie wusste genau, dass du ihr gesagt hattest, dass ihr beide diesen Kurs zusammen besuchen werdet. Sie konnte nicht verstehen, dass du nicht da warst.

Wenn wir spazierengehen, ruft sie «Hallo Papi» in den Himmel und hört dann immer deine Antwort.

Adrian, gib mir Kraft und schenke mir von deiner Ruhe, damit ich Alina und Cédric eine gute, starke Mutter bleiben kann.

Ich möchte dich sehen, riechen, spüren. Ich liebe dich.

03.03.1997, 00.30 Uhr

Alles ist leer und traurig. Ich sehe keinen Hoffnungsschimmer. Ich spüre nur die Sehnsucht nach dir. Wie soll ich von einem Tag auf den andern lernen, ohne dich zu sein, ohne deine Liebe auszukommen? Ich vermisse dein Lächeln, deine Augen, deine spontanen Telefonanrufe zwischendurch, dein Pfeifen, wenn du zur Tür reinkommst, dein Zeitungslesen, deine Ruhe, deine Nähe, deine Wärme, deine Liebe.

04.03.1997, 00.57 Uhr

Heute hatte ich einen sehr traurigen Tag. Ich konnte mich an keinem Sonnenstrahl und an keinem Schneeglöcklein erfreuen. Ich war einfach nur unendlich traurig, dass wir nicht zusammen sind. Ich kann diese Einsamkeit fast nicht ertragen, sie legt mich völlig lahm. Manchmal möchte ich auch sterben, dann wäre ich bei dir. Aber dann denke ich an Alina und Cédric, und ich verwerfe diesen Gedanken schnell wieder. Meine Zeit ist nicht gekommen, ich lebe.

Mich würden deine letzten Gedanken interessieren. Warst du fähig zu denken, oder sahst du nur das «Licht der Illusion,» wie dieser Sog im Film «Maboroshi» genannt wird?

Ich möchte dir danken für die gemeinsame Zeit, für alles, was du für mich warst und bist, und ich möchte dir danken für unsere wunderbaren Kinder. Sei ihr Schutzengel und behüte sie.

05.03.1997, 00.04 Uhr

Es war wieder ein schlechter Tag. Ich fand gar keine Ruhe. Meinen Gefühlen bin ich ausgeliefert, ich kann sie weder steuern noch beeinflussen. Wie nur werde ich das alles überleben? Cédric hatte heute auch Mühe. Ist denn der Selbsterhaltungstrieb des Menschen nicht mächtiger als alles andere? Bitte verzeih, wenn ich dauernd frage und anklage, aber ich muss und will auch diesen Gefühlen Platz geben.

06.03.1997, 02.00 Uhr

Heute fand ich den Weg zum Friedhof nicht, und jetzt fehlt mir mein Besuch an deinem Grab. Ich brauche diese Ruhe dort. Ich spüre dich gut, und du bist mir nah. Dort kann ich abschalten, muss mich auf nichts sonst konzentrieren. Vor nicht allzulanger Zeit sind wir hier im Bett gelegen und haben geredet. Seit drei

Wochen bist du auf deinem Weg, und für mich sind es Jahre.

Ich bin erschöpft und müde. Ich möchte nur noch schlafen und kann nicht. Ich spüre dich intensiv, es gibt keine Worte, dieses Gefühl zu beschreiben. Ich bin müde, ich kann nicht mehr weiterschreiben. Ich liebe dich.

09.03.1997, 08.26 Uhr

Die Sehnsucht wird so gross, dass es mich fast zerreisst. Ich liege mit Alina im Bett, wir wollen Ski fahren gehen. Weißt du noch? Das Wochenende vor deiner Reise waren wir in Schönried. Wir sassen gemeinsam auf der Schaukel und schauten den Kindern beim Spielen im Schnee zu. Du legtest deinen Arm um mich, und wir genossen die Ruhe. Jetzt sind alle Träume zerplatzt wie Seifenblasen im Wind. Wie kannst du uns alleine lassen? Ich bin traurig. Wenn ich in die lieben und hoffnungsvollen Augen unserer Kinder sehe, dann kann ich dich nicht verstehen. Ich versuche immer wieder anzunehmen, zu respektieren, aber das ist nicht einfach. Die Kinder schenken einem ihr volles Vertrauen, ihre ganze Liebe. Sie haben es nicht verdient, im Stich gelassen zu werden. Eine Erklärung für dein Handeln werden wir nie erhalten. Der Schmerz nimmt immense Formen an. Wird er je nachlassen?

10.03.1997, 01.15 Uhr

Eigentlich wollte ich heute früh schlafen gehen, aber das ist mir noch nicht möglich. Ich war mit den Kindern in Schönried. Die Erinnerungen holten mich ein, diese Entscheidung war wohl nicht sehr gut. Du warst bei uns, es war, als ob zwischendurch die Sonne ganz intensiv für uns schien.

Mit deinem Weggehen hast du mir eine grosse Aufgabe hinterlassen, die ich mit all meiner Kraft zu lösen versuche. Ich habe die Hoffnung, dass ich dein Weggehen bei meinem eigenen Sterben verstehen kann, denn nachher wird es wohl nicht mehr wichtig sein.

11.03.1997, 23.33 Uhr

Die Kinder waren heute sehr anstrengend. Du fehlst ihnen sehr. Wir waren bei Käthi und Paul in Sigriswil. Käthi hat mir die Terrasse gezeigt, auf welcher du immer das Znüni gegessen hast.

12.03.1997, 01.31 Uhr

Ich spüre immer noch deinen kalten, starren Körper. Ich sehe deine Augen, die mich nicht anschauten, deinen Mund, der nicht mehr verschmitzt lächelte, kein Pfeifen mehr, keine Leben mehr. Ich halte diesen Zustand fast nicht aus. Ich bin zu feige zu springen, sonst würde ich es dir wohl nachmachen.

Heute hat Jürg die Fotos und Kinderzeichnungen aus deinem Büro in meinen Briefkasten gelegt. Es tat wieder sehr weh. Nie mehr werde ich dein Büro oder deine Werkstatt betreten.

13.03.1997, 23.55 Uhr

Heute war Käthi da. Wir haben zusammen Fotos angeschaut, was mich noch trauriger machte. Es ist unwiderruflich, du kommst nie mehr zurück. Das ist für mich nach wie vor ein unglaublicher Gedanke. Heute ist es genau einen Monat her, seit du von hier weggegangen bist. Ich werde versuchen zu respektieren, aber ich weiss nicht, ob es mir so schnell gelingen wird, ob es mir überhaupt jemals gelingen wird. Der Schmerz ist gross, aber ich muss einfach funktionieren. Ich liebe dich.

16.03.1997, 23.56 Uhr

Am Nachmittag gingen wir auf den Friedhof, d.h. Alina wollte im Auto warten. Es mache sie traurig, erklärte sie mir. Das sind dann die ganz harten Momente im Leben. Wir bräuchten dich so sehr, Adrian. *Warum?* Du erschienst mir immer stark und selbstbewusst. Was ist nur in dir vorgegangen?

17.03.1997, 02.30 Uhr

Wieder kann ich nicht einschlafen. Ich vermisse dich von Tag zu Tag mehr. Wie schön wäre es, mit dir den Frühling zu erleben. Die ersten Schneeglöcklein blühen, die Krokusse strecken ihre Köpfe aus der Erde. Die ganze Natur erwacht, ganz im Gegenteil zu mir, ich sterbe langsam, Schritt für Schritt. Wo bist du? Wo finde ich dich? Alles ist theoretisch so klar, aber praktisch sehr schwer zu akzeptieren. Ich spüre deine Nähe, deine Kraft, aber ich weiss nicht, wie und wo ich alles einordnen muss. Du bist nicht mehr sichtbar da, lebst aber in unseren Herzen und Gedanken weiter.

18.03.1997, 00.09 Uhr

Heute war ein anstrengender Tag. Ich musste sehr viel arbeiten, und mir fehlt manchmal die Motivation und Kraft dazu. Am Morgen besuchte ich mit Alina und Cédric Frau Ellenberger im Spital. Sie sagte mir, dass sie sterben werde und auch dazu bereit sei. Adrian, wie hast du deine Fahrt nach Bern verbracht? Warst du auch bereit zu sterben? Stimmte diese Entscheidung für dich? Ich hätte so viele Fragen an dich.

Am Nachmittag gingen Käthi und ich mit den Kindern auf den Friedhof und pflanzten Blumen aus Käthis Garten auf dein Grab. Du fühltest dich so wohl in Sigriswil, weshalb es uns richtig und wichtig erschien, dir diese Blumen zu bringen.

19.03.1997, 03.21 Uhr

Wo bist du? Ich finde keine innere Ruhe, kann nicht abschalten, alles dreht sich im Kreis. Ich möchte von dir ganz fest gehalten werden. Ich möchte Kraft erhalten, meine Aufgaben richtig erledigen zu können, ich kann nicht schlafen, bin dadurch sehr übermüdet. Hilfst du mir, alles richtig zu machen? Danke.

21.03.1997, 03.09 Uhr

Heute ging es mir gar nicht gut. Ich hatte einen Zusammenbruch, wollte bei dir sein. Ich verspürte wieder diese grosse Sehnsucht nach dem Tod, wollte zu dir kommen, aber die Kinder halten mich davon ab. Ich darf meine Kinder nicht im Stich lassen. Ich darf sie nicht verlassen. Auf wen sollen sie sonst vertrauen, hoffen, aufbauen? Als ich es kaum mehr aushielt, klingelte es an der Tür. Ich schleppte mich mit letzter Kraft zum Eingang, und Daniel und Tanja standen draussen. Ich glaube, du hast sie zu mir geschickt, sie haben gespürt, dass es mir nicht gut geht.

Für mich waren es zwei Engel. Ich konnte mich gehen lassen und war gehalten, das tat so gut. Sie nahmen sich die Zeit, zu bleiben, bis ich ganz erschöpft war und nur noch Ruhe wollte.

25.03.1997, 00.35 Uhr

Morgen wird Cédric 2 Jahre alt. Ich werde einige Leute einladen, um dieses Ereignis zu feiern. Warum wirst du nicht dabei sein? Du bist einfach gegangen und lässt uns hier zurück. Manchmal bin ich so wütend auf dich, diese Entscheidung war absolut egoistisch. Sei morgen ganz nah bei Cédric, er braucht dich.

26.03.1997, 01.58 Uhr

Heute war Cédrics Geburtstag. Doris hat mir viel geholfen. Ich bin ihr sehr dankbar, dass sie sich immer um uns kümmert und uns ohne grosse Worte unterstützt. Ohne sie wäre ich verloren. Cédric ist krank. Er war mehr oder weniger den ganzen Geburtstag im Bett und hatte hohes Fieber. Der Tag ging vorbei, und am Abend fühlte ich mich ausgelaugt und hatte kaum mehr die Kraft zum Stehen.

Ich weiss schon, du bist da, als kleiner Teil des Universums. Alina, Cédric und ich sind ein ebensolcher, also sind wir alle eins. Wann werde ich nach meinen Theorien leben können? *Warum* muss ich diese Aufgabe erfüllen?

28.03.1997, 03.30 Uhr

Gerade komme ich vom Eierfärben bei Doris und Michael zurück. Wie schön wäre es gewesen, wenn du auch da gewesen wärst. Du fehlst mir sehr. Ich fühle mich im Netz unserer Freunde und Bekannten geborgen, ohne sie alle wäre ich ganz verloren. Die Liebe der uns nahestehenden Menschen zu spüren, tut mir gut und gibt mir Kraft. Und trotz all der lieben Menschen um mich herum fühle ich mich einsam und verloren. Ich gehe durch ein tiefes Tal, ganz alleine. Warum muss man das Liebste im Leben verlieren? Ich gebe mir Mühe, nicht immer nach dem *warum* zu fragen, aber es ist sehr schwierig. Immer denke ich, dass du nach Hause kommst. Ich kann es einfach immer noch nicht glauben. Deine Fröhlichkeit fehlt mir, es war immer beglückend, wenn du zur Tür hereingekommen bist. Die Kinder sind dir entgegen gesprungen, und ich freute mich jedesmal, dass du da bist. Wo waren deine Schutzengel in Bern? Haben sie dich gehalten? Ich liebe dich.

29.03.1997, 23.40 Uhr

Gestern habe ich unsere Briefe gelesen. Sie sind alle voller Liebe und Hoffnung. Wir erlebten eine gute

Zeit zusammen und ich bin dankbar dafür. Das ist es, was ich nicht begreife: Auf der einen Seite stehen 14 Jahre, auf der anderen Seite eine Woche und 36 Stunden, und dann ist alles vorbei, aus, gestrichen, ENDE. Was hast du dir dabei gedacht?! Ich denke, nicht viel. Sorry.

30.03.1997, 00.27 Uhr

Manchmal habe ich das Gefühl, die Sorgen, die ich mit mir herumtrage, sind zentnerschwer. Dich verloren zu haben, den Suizid akzeptieren zu müssen, die Kindererziehung, das Geschäft, die veränderte Lebenssituation, alles wächst mir über den Kopf. Ich versinke und weiss nicht, wie ich mit all dem umgehen soll. Ich habe keine Kraft mehr. Wo soll ich Energie tanken? Ich kann mich nicht auf mich selber konzentrieren, finde keine Ruhe. Adrian, wenn du nur wüsstest, wie sehr du mir fehlst. Du hättest doch bestimmt viele Leute gehabt, denen du von deinen Sorgen hättest erzählen können. Du hast mir keine Chance gegeben, dein Problem zu verstehen. Du gabst mir keine Zeit, mich mit irgend etwas näher auseinanderzusetzen. Du gingst einfach und liessest mich mit meinen Fragen allein. Ich werde das nie verstehen. Du hast die ganze Verantwortung für die Kinder abgegeben. Wie sollen die Kinder dein Handeln verstehen? Du, der selber auch ohne Vater aufgewachsen ist, solltest am besten wissen, wie hart es ist. Oftmals hast du mir erzählt, wie sehr dir dein Vater gefehlt hat, wie sehr du ihn vermisst und gebraucht hättest. Jetzt stellst du deinen Kindern dieselbe Aufgabe.

Heute hatte ich wieder eine Vision. Ich sah einen dunklen Tunnel, und ganz weit hinten um ein paar Kurven oder Ecken schien helles Licht. Genau dort verschwand immer und immer wieder, kurz vor meiner Berührung, ein Schatten in die Weite. Hilf mir.

Ich fühle mich wie in einem Zimmer mit drei Mauern und einem Vorhang, hinter den man nicht gehen darf, weil man sonst nicht mehr zurück kann. Hinter dem Vorhang verbirgt sich ein Geheimnis. Möchte ich es erkunden? Wolltest du es erkunden?

01.04.1997, 00.34 Uhr

Heute war ein wunderschöner, klarer Tag. Ich lag mit Arlette in Ringgenberg auf der Wiese und schaute in den blauen Himmel. Wo bist du?

02.04.1997, 02.47 Uhr

Immer wieder erscheinen mir diese grausamen Bilder. Der Sprung von der Brücke, deine Verzweiflung, die Aufbahrungshalle, dein Körper im Sarg. Vierundzwanzig Stunden täglich sind diese Eindrücke in meinem Hinterkopf, dann wieder der Tunnel mit dem Licht, wo mir ein Schatten entschwindet.

03.04.1997, 01.51 Uhr

Heute war ich wieder mit Michael in Bern. Wir gingen denselben Weg wie immer. Es zerriss mir wieder fast das Herz. Warum nur warst du so einsam?

Warum konntest du nicht herausschreien, wie du dich fühlst? Ich habe dich sehr geliebt.

Heute habe ich das Schlafzimmer aufgeräumt und dabei in deinem Buch «Ich bin o.K., du bist o.K.» gelesen. Dort steht: «Die Leidenschaft für die Wahrheit wird zum Schweigen gebracht durch Antworten, die das Gewicht unbestrittener Autorität haben.»

Diese Aussage erinnerte mich sehr an unsere Gespräche über deinen Vater: Frag' nicht und glaube, was ich dir erzähle. Du hieltest dich wie alle anderen daran. Ich habe auch meiner Schwägerin Monika das Buch gezeigt. Sie blätterte darin herum, sagte nichts, und Tränen liefen über ihre Wangen. Es braucht keine Worte, um den Schmerz zu teilen.

Immer wieder kommen mir Augenblicke voller Intensität in den Sinn. Danke, dass ich dich getroffen habe, dass wir eine Wegstrecke unserer Leben gemeinsam gegangen sind.

06.04.1997, 23.08 Uhr

Wir waren über das Wochenende in Ringgenberg. Cédric wollte immer dein Foto anschauen. Alina schaute es einmal an und dann nicht mehr. Sie leiden Qualen, ich spüre ihren Schmerz körperlich. Alina ist sehr unsicher, hat auch Angst, mich zu verlieren.

Ich stand an deinem Grab und konnte nicht glauben, dass du hier unter der Erde begraben liegst. Alles ist nur ein böser Traum. Kaum mehr kann ich mich an deine Stimme erinnern. Ich möchte dich berühren, dich riechen, dich spüren.

Adrian, du warst auf der Suche, das ist mir seit einigen Wochen klar. Du befandest dich in einem Selbstfindungsprozess, wie ihn bestimmt jeder Mensch durchlebt. Ich weiss, wie sehr einen Gedanken und Zustände gefangen nehmen können. Du hast mir immer geholfen, wenn es mir nicht gut ging. Du warst immer für mich da. Ich durfte dir nicht helfen, du blocktest ab, sagtest, ich wäre nicht belastbar. Man stelle sich das vor: Ich bin nicht belastbar, und dann lässt du mich hier mit zwei kleinen Kindern und deinem Geschäft alleine. Wie sehr hätte ich mir gewünscht, dass du dich geöffnet hättest, geredet hättest, mich vielleicht auch belastet hättest. Alles wäre besser gewesen als der Weg, den du jetzt gewählt hast. Ich rede aus meiner Sicht, möchte dir keine Vorwürfe machen.

07.04.1997, 01.17 Uhr

Ich war heute abend noch an deinem Grab. Alles war ruhig. Hast du Ruhe gefunden? Hier hast du viele traurige Menschen zurückgelassen mit offenen Fragen.

08.04.1997, 23.07 Uhr

Wieder einmal neigt sich ein Tag dem Ende zu, einer von vielen, die gewesen, und einer von noch mehreren, die noch kommen werden. Die Leere, die du hinterlassen hast, ist schrecklich. Ich vermisse dich sehr. Ich habe Angst vor der Dunkelheit. Warum fürchte ich die Dunkelheit jetzt noch mehr als früher? Es kommt viel Unverarbeitetes aus meiner Kindheit hervor. Endlich hatte ich es geschafft, zu jemandem Vertrauen zu haben, und nun bist du nicht mehr da. Mit dir konnte ich alles teilen, das Schöne und das weniger Schöne. Das Schöne wurde mit dir zusammen doppelt so schön, das weniger Schöne wurde mit dir zusammen halb so schlimm. Fehlen wir dir auch?

10.04.1997, 01.57 Uhr

Heute waren wir in Sigriswil. Paul spielte uns auf dem Klavier vor. Dein Foto stand auf dem Sitzofen, und du schautest uns durch das Bild an. Ich dachte daran, wie du auf dem Klavier gespielt hast. Heute ist es acht Wochen her, seit du gegangen bist.

11.04.1997, 01.20 Uhr

In einer Woche zügeln wir in eine andere Wohnung. Ich bin traurig, dass wir unsere gemeinsame Wohnung verlassen, aber ich denke, es ist besser so. Ich fühle mich hier gefangen, weiss nicht, wo und wie ich mich bewegen soll. Wir zündeten Kerzen auf deinem Grab an. Sie sollen dir Licht und Wärme geben. Wir denken immer an dich. In unseren Herzen lebst du weiter.

15.04.1997, 23.09 Uhr

Heute war ich mit Michael in Bern auf dem Untersuchungsrichteramt. Der Todesfall «Adrian Smaic» ist abgeschlossen. Bei der Akteneinsicht brach es mir wieder fast das Herz. Ich will mich dem Schmerz aber beugen, mich jeder Ohnmacht hingeben, nur so werde ich es schaffen, nur so werde ich ein wenig Licht ins Dunkel bringen. Ich las das Protokoll. Es standen furchtbare Fakten darin. Es tut so weh. Warum bist du nicht hier neben mir? Warum können wir nicht miteinander sprechen? Die Briefe an dich werden immer unbeantwortet bleiben, aber es tut mir trotzdem gut, zu schreiben. Wieviel Leid kann ein Mensch ertragen? Eine Frage, die ich mir nun schon oft gestellt habe.

Zwei Zeugen beobachteten, wie du um 19.50 Uhr mit einem Flankensprung über das Geländer der Kirchenfeldbrücke gesprungen bist. Du bist auf die Aarstrasse gefallen «4 m von der Senkrechten entfernt». Du hattest schwarze Jeans, ein blaues Hemd und Turnschuhe, Marke Fila, an. Ein Schuh ist beim Aufprall in die Aare gefallen, ein Schuh lag neben dir. So steht es im Protokoll. Du lagst auf dem Rücken, die Augen halb geöffnet, das Gesicht völlig unversehrt, schwere Verletzungen am Hinterkopf, viele Brüche und Schürfungen, die Zähne unversehrt. Das ist geblieben von dir, eine polizeiliche Beschreibung. Du, mein wundervoller Mann. Ich muss diese Fakten aufschreiben, es ist wichtig für mich. Ich muss es von Zeit zu Zeit immer wieder lesen, ganz rational, ohne Emotionen. Es ist erstaunlich, wie der Mensch eine Mauer um sich herum aufbauen kann, um sich zu schützen. Ich erlebe das an mir selbst täglich.

16.04.1997, 00.19

Ein Schock folgt dem andern. Gestern die Sache mit dem Untersuchungsrichteramt, heute sagt der Agent der Versicherung, die uns zustehende Leistung werde nicht ausbezahlt. Eine Angelegenheit, die mir an sich völlig unwichtig ist, in Anbetracht unserer Zukunft ohne Vater aber sehr wichtig ist. Wieder ist rationales Denken angesagt, Emotionen haben in dieser Hinsicht keinen Platz. Der Grund für die Absage ist aus der Luft gegriffen, sie wollen mich wohl für dumm verkaufen. Es heisst also, für unser Recht kämpfen. Zum Glück habe ich Leute um mich, die mich unterstützen. Neben dem Verlust kommen Sachen auf mich zu, die ich wirklich fast nicht bewältigen kann. Ich bin überfordert, führe Selbstgespräche, um mir Mut zu machen. Es ist hart genug, mit zwei kleinen Kindern den Alltag zu schaffen, zu sehen, dass wir irgendwie über die Runden kommen, aber dass einem gewisse Menschen noch Steine in den holprigen Weg legen, übersteigt mein menschliches Denken.

17.04.1997, 01.33 Uhr

Heute habe ich lange mit Dulyn telefoniert. Es tat mir sehr gut, mit jemandem zu sprechen, der auch dir ganz nahesteht. Sie leidet auch sehr, sagte, sie habe von dir noch nicht Abschied nehmen können.

In meinem Hirn rotieren wieder diverse Eindrücke. Das Polizeiprotokoll läuft wie ein Film vor meinen Augen ab. Ich möchte gar nicht daran denken, kann aber meine Gedanken nicht steuern. Werde ich diesen Schock jemals verdauen? Du hast unser Leben sehr verändert, in Wut würde ich sagen, zerstört, in Liebe sage ich, bewusst verändert. Bitte lass uns deine Nähe spüren.

19.04.1997, 22.15 Uhr

Heute sind wir umgezogen. Wir wohnen nun zu dritt in einer neuen Wohnung. Ich hoffe, dieser Schritt wird sich als positive Änderung erweisen.

23.04.1997, 23.55 Uhr

Ich habe wieder das Gefühl, diese Welt sei nicht mehr mein Zuhause. Ich weiss nicht, wo ich die Kraft zum Weiterleben hernehmen soll. Oftmals fühle ich mich hier mit Alina und Cédric überflüssig. Am Montag haben wir unsere Wohnung übergeben. Das tat sehr weh. H.M. von der Versicherung war auch noch da und hatte tatsächlich die Unverfrorenheit zu sagen, du seist 15 Tage zu früh gestorben, als dass die Versicherung bezahlen würde. Ich durfte nun die ganze Angelegenheit an Michael übergeben.

24.04.1997, 02.46 Uhr

Wieder ist Donnerstag. Du glaubst gar nicht, wie sehr ich dich vermisse. Im Moment habe ich das Ge-

fühl, ich verlasse diesen dunklen Tunnel nie mehr.
Ich liebe dich, warum lässt du mich allein?

30.04.1997

Meine lieben Kinder
Ich gab mir all die Mühe, die ich aufbringen konnte, euch durch diese Zeit, seit Papi von uns gegangen
ist, zu begleiten. Ich habe keine Kraft mehr. Der
ganze Himmel liegt auf meinen Schultern. Die Liebe zu euch ist grösser als alles andere auf der Welt,
deshalb wünsche ich mir, dass ihr glücklich seid und
bleibt. Mich macht dieses Leben müde, ich möchte
zurück. Ich weiss, es ist eine Sünde, aber ich ertrage
diesen Zustand nicht mehr. Es geht euch bestimmt
besser, und in meinem Herzen ist alle Liebe für euch
da, die euch begleiten soll. Bitte seid mir nicht böse,
ich bin nicht mehr lebensfähig. Ich liebe euch von
ganzem Herzen. Mami.

Alles hätte so schön sein können, aber es sollte anders kommen. Ich werde nie verstehen, warum.

An meine Freunde
Ich danke euch für all eure Hilfe und Liebe in dieser schweren Zeit. Ich mag den Zustand nicht mehr
ertragen, es nimmt kein Ende. Bitte verzeiht mir.

30.04.1997, 20.20 Uhr

Ich versuchte, mich von unseren Kindern zu verabschieden. Ich beobachtete Alina lange auf dem Spielplatz. Sie ist ein wunderbares Kind. Cédric ist krank,
er hielt mich ganz fest und liess mich nicht los. Es
geht ihm gar nicht gut. Doris und ich mussten in diesem Notfall zum Kinderarzt. Er hat eine Lungenent-
zündung. Das Wegfahren zum Arzt holte mich wieder in die Realität zurück. Ich muss kämpfen, darf
nicht aufgeben. Ich muss stark sein und mein Leben
wieder in den Griff bekommen, für mich und für meine Kinder.

04.05.1997, 23.08 Uhr

Wir waren in Ringgenberg und lagen in einem Feld
voller Wiesenpflanzen. Du kannst doch nicht einfach
weg sein! Du gehörst zu uns, und deine Anwesenheit
fehlt uns sehr. Ich fühle mich einsam und leer. Wie
oft sind wir diese Strecke gemeinsam gefahren! Arlette und Raffaele begleiteten uns jahrelang. Wir hatten eine gute Zeit. Die Sehnsucht wird zum physi-
schen Schmerz. Wenn ich nur wüsste, ob meine Kinder jemals wieder lachen können, wenn auch ich einmal von ihnen gegangen bin. Ich erinnere mich an
die Augenblicke, als unsere Kinder gezeugt wurden.
Ich habe das bei beiden bewusst erlebt. Ich denke an
die schöne Zeit der Schwangerschaften und der Ge-

burten, der gemeinsamen Jahre als junge Familie. Diese Zeit war intensiv und schön. Die Kinder bereicherten unser Leben sehr.

06.05.1997

Warum hast du unser Leben zerstört? Du hast mein Vertrauen, meinen Glauben an das Glück, in einen Haufen Asche verwandelt. Mein Herz blutet. Komm zurück! All mein Flehen bleibt ungehört. Du kommst nicht mehr. Ich liebe dich.

08.05.1997, 01.22 Uhr

Wieder ist Donnerstag. Heute abend war ich mit Michael in Bern. Ich musste wieder auf die Brücke gehen. Warum warst du derart streng mit dir selber, warum hast du über die Zukunft von vier Menschen entschieden? Ich bin überfordert, komme kaum einen Schritt weiter. Mir fehlt die Motivation. Ich stehe auf dieser Brücke und hasse sie. Ich hasse das Leben, weil es solche Sachen zulässt. Die Woche Hong Kong fehlt in meinem Film. Die Wahrheit über die Zeit dort hätte ich nur von dir erfahren können. Diese Woche wird mir immer fehlen.

09.05.1997, 01.37 Uhr

Ich hätte dir so vieles zu berichten. Cédric ist ge-
wachsen, ein richtig grosser Bub. Alina ist ein wunderbares Mädchen. Siehst du die beiden? Hältst du
deine schützende Hand über sie?

11.05.1997, 11.43 Uhr

Heute vor sieben Jahren haben wir geheiratet, *Ja* zu-
einander gesagt, *Ja* zu einem gemeinsamen Leben.
Ich war glücklich, stolz, hoffnungsvoll und aufge-
regt. Es waren gute Jahre. Irgendwie blieben wir immer von grossen negativen Stürmen verschont. Alina und Cédric sind die Pflanzen unserer Liebe. Sie
bekamen in ihren ersten Lebensjahren eine so intensive Zärtlichkeit mit, dass ich überzeugt bin, dass sie
ein Leben lang davon zehren können und du ihnen
unvergesslich bleiben wirst. Sei du ihr Schutzengel,
der vom Himmel aus auf die beiden aufpasst.

13.05.1997, 00.28 Uhr

Heute war der Pfarrer da. Es tat mir sehr gut, mit ihm
zu reden. Heute vor drei Monaten gingst du von hier
fort und kehrtest nicht mehr heim. Überall holen
mich Erinnerungen ein. Ich muss lernen, alleine zu
leben und wieder Freude empfinden zu können.

17.05.1997, 18.37 Uhr

Ich habe keine Kraft mehr. Warum muss ich diese täglichen Qualen auf mich nehmen? Bitte, lasst unsere Kinder zusammen, nehmt sie nie auseinander, wenn mir etwas passiert.

Adrian, du warst auch mutig, du hast getan, was du im Gefühl hattest, tun zu müssen. Ich habe immer noch Angst davor, nicht vor dem Tod, aber davor, meine Kinder zu verlassen. Ich dachte, alles wird besser, aber es wird alles immer schlimmer. Ich ertrage es einfach nicht mehr. Bitte seid gut zu Alina und Cédric, vielleicht komme ich nie mehr nach Hause.

Niemand spürt meine Leere, meine Einsamkeit, mein Herz ist voll Liebe, die kein Mensch braucht. Warum wurde ich geboren? Warum muss ich das alles durchstehen? Für mich hat das Leben keine Qualität mehr.

19.05.1997, 22.27 Uhr

Heute vor sieben Jahren haben wir in der Schlosskirche Spiez kirchlich geheiratet. Warum habe ich als gläubiger Mensch Mühe, mit diesem Schicksalsschlag umzugehen? Ich spüre dich, du bist da, aber ich kann dich nicht sehen, halten und hören. Am

Samstagabend ging ich das erste Mal alleine auf die Kirchenfeldbrücke. Es zog mich dorthin. Ich verbrachte mehrere Stunden dort. Ich schaute in die Weite, ich schaute in die Tiefe. Ich warf Gegenstände von der Brücke, schaute auf die Uhr, um zu sehen, wie lange ein Fall dauert. Unbewusst bemerkte ich, wie mir meine Umgebung immer mehr fremd wurde, ich entfernte mich von der Realität. Es wurde mir unterschwellig bewusst, dass ich nicht mehr klar denken, nicht mehr reagieren konnte. Plötzlich wurde ich aus meiner Trance herausgeholt. Ein Mann sprach mich ganz behutsam an. Ich wurde wach und merkte, dass ich auf das Brückengeländer steigen wollte. Er holte mich aus einer anderen Welt. Er sprach mit mir, erzählte mir von seinem Leben. Ich hörte zwar zu, war aber ganz weit weg, grenzte mich von ihm ab. Dieser Mann war zufälligerweise «!» Arzt. Ich war nicht mehr ich selber, ich zitterte am ganzen Körper, konnte nicht reden, hatte Koordinationsstörungen. Es gelang dem Mann nicht, mich von der Brücke wegzubringen, aber er übte sich in Geduld und blieb neben mir stehen. Er rührte mich nicht an, denn das hätte ich wohl nicht ertragen. Plötzlich läutete das Telefon in meinem Rucksack, das ich ja wegen des Pikettdienstes bei mir haben muss. Der Mann nahm das Telefon aus meinem Rucksack, meldete sich, und später holten mich Werner und Rosmarie in Bern ab und legten mich zu Hause schlafen. Ich war müde, erschöpft.

21.05.1997, 22.45 Uhr

Mir geht es nicht gut. Ich bin kraft- und antriebslos. Es ist schlimm für mich, kein Ziel zu haben und mich auf nichts freuen zu können. Die Freuden stehen in keinem Verhältnis zu meiner Trauer. Ich weiss, dass ich mir selber im Weg stehe und hoffe, dass ich bald wieder die Leitplanken auf meiner Lebensstrasse sehen werde, und sich der Nebel, der mich umhüllt, auflöst. Ich habe mein Leben immer intensiv gelebt, habe eigentlich alles getan, was mich freute und ich wollte, und plötzlich steht man da und fragt sich, worum es hier eigentlich genau geht. Adrian, auf der Brücke warst du wohl schon Lichtjahre von uns entfernt, sonst wäre dieser Sprung nicht möglich gewesen.

22.05.1997, 23.58 Uhr

Heute war ich beim Arzt. Er meint, es gehe überbrückungsweise nicht mehr ohne medikamentöse und gesprächstherapeutische Unterstützung. Ich ertrage dieses Leiden, diesen Kampf, nicht mehr. Meine Seele braucht eine Ruhepause. Ich bin innerlich ausgelaugt.

Ich hoffe sehr, dass die zwei Wochen Ferien im Tessin mit Papi und Vreni Ruhe und Erholung bringen werden. Ich darf gar nicht daran denken, dass du nicht dabei sein wirst. Heute habe ich einen Brief von Ursula erhalten. Sie ist eine Frau, die in derselben Lebenssituation steht wie ich. Es tat mir so gut, endlich von jemandem zu hören, der meine Gefühle erahnen kann, vielleicht sogar kennt. Meine ganze heile Welt ist zerstört, wirklich alles – geblieben sind nur die beiden Kinder. Ich muss mich neu organisieren, und dazu fehlt mir die Kraft und Motivation. Ich möchte es nicht sagen, aber manchmal bin ich so wütend auf dich.

24.05.1997, 23.39 Uhr

Seit gestern nehme ich nun dieses Medikament – Anafranil. Die Wirkung ist sehr stark, ich bin fast zu ruhig, denn ich schlafe dauernd ein. Es kommt mir vor, als bist du schon unendlich lange fort. Ich würde alles geben, wenn ich deine Wärme spüren dürfte. Ich habe einen Brief erhalten von Frau G. aus Spiez, in dem sie schreibt, ihr Mann habe in einer seiner Lebenskrisen eine Schlafkur machen müssen und sich so dann wieder gefangen. Ihr Mann schilderte mir daraufhin seine damaligen Gefühle, er hatte auch Suizidabsichten. Warum hast du unsere Liebe, die stärker als alles andere sein sollte, in deinen letzten Minuten nicht mehr gespürt? Warum hast du unsere Kinder, die dich brauchen, nicht mehr gesehen? Warum nur?

26.05.1997

Heute sind wir nach Minusio gefahren. Ich habe mich das erste Mal seit deinem Tod wieder über etwas gefreut. Mir tut der Tapetenwechsel gut. Mein Vater hat die Velos aufgeladen, und wir haben im Sinn, mit den Kindern täglich auszufahren. Auch hier wird mich die Vergangenheit einholen. Wir waren unzählige Male hier. Hier haben wir unsere letzten gemeinsamen Ferien verbracht, hier haben wir den 1. Geburtstag von Alina gefeiert, hier wurde Cédric gezeugt. Mir fehlt deine Nähe sehr, ich habe das Gefühl, nur ein halber Mensch zu sein. Seit ich dieses Anafranil nehme, bin ich ruhiger, gelassener, aber eben auch sehr, sehr müde. Ich habe Angst vor dem Tag, an dem ich mich wieder der Realität stellen muss.

29.05.1997

Heute waren wir im Lido. Ich suchte dich dauernd. Du musst doch auch hier bei uns sein! Cédric geht ständig zu anderen Vätern, er sucht die männliche Seite sehr. Bei Alina fällt mir das nicht auf. Es dünkt mich, ich sehe überall nur Väter, die mit ihren Kindern spielen. Wo bist du? Dein Platz ist leer. Nie mehr werden wir als komplette Familie etwas erleben können. Du fehlst mir sehr. Ich habe ein Gefühlswirrwarr in mir, bin überfordert, nur einen kla-

ren Gedanken zu denken. Manchmal bin ich auch
einfach nur traurig, allein und einsam.

30.05.1997

Wenn ich unserer Tochter in die Augen schaue, dann
sehe ich dich vor mir. Du hattest die gleichen wunderschönen, dunkelbraunen Augen.

31.05.1997

Ganz Locarno ist voll mit Familien, Paaren, Kindern
mit ihren Vätern, Frauen mit ihren Männern; Paare,
die sich berühren, halten, reden oder sich küssen –
nie mehr werde ich das mit dir erleben dürfen.

01.06.1997

Wieder erscheint mir alles so unwirklich. Alina
spricht viel vom Tod. Es beschäftigt sie sehr. Es ist
manchmal sehr schwierig, mit ihr über den Tod zu
sprechen, denn das Problem ist, dass ich ihr nicht
meine Meinung über das Leben und den Tod einre-
den will. Ich denke mir, sie sollte sich selber intuitiv
ein Bild machen.

02.06.1997

Heute waren wir in Locarno. Mir kam in den Sinn, dass wir vor zwei Jahren und auch letztes Jahr hier waren. Das war doch alles gerade erst. Vor einem Jahr sind wir in unsere neue Wohnung gezogen, und jetzt wohnt dort bereits eine andere Familie. Das macht mich traurig. Seit ich Anafranil nehme, kann ich nicht einmal mehr weinen. Ob das gut ist? Ich weiss es nicht. Ich wünsche mir, es ohne dieses Mittel wieder zu schaffen. Ich liebe dich.

03.06.1997

Die Endgültigkeit ist schwer zu ertragen.

06.06.1997

Morgen fahren wir wieder nach Hause, unsere Ferien sind vorbei. Heute war ich mit Vreni auf der Piazza in Locarno in einem Konzert von Andrea Bocelli. Der Himmel war voller funkelnder Sterne, das Ambiente war traumhaft. Es hätte dir ganz bestimmt auch gefallen. Ich vermisse dich.

08.06.1997, 00.37 Uhr

Heute war ein anstrengender Tag. Ich war noch schwimmen. Es hatte viele Leute, Tausende von

Menschen, nur du, den ich so suchte, warst nicht dort. Dein Platz ist leer, du kommst nicht mehr zurück. Wie soll ich nur ohne dich zurechtkommen? Nie mehr werde ich dich spüren, das tut mir weh. Die Belastungen sind gross. Neben dem Verlust des Mannes, Freundes, Vater der Kinder, gibt es so viele Probleme, Veränderungen, mit denen ich lernen muss umzugehen. Morgen werde ich einige wichtige Telefonate erledigen müssen, da die Kinder und ich nach wie vor noch von keinerlei Seite ein Einkommen erhalten. Als Witwe wird man behandelt wie ein Sozialfall. Emotionen haben keinen Platz. Man muss um seine Existenz, für sein Recht kämpfen. Ich bitte dich von ganzem Herzen darum, mir, wenn es irgendwie möglich ist, Kraft zu geben. Ich sehe dich in Gedanken oft vor mir, sehe deine Augen, die mir so gefallen haben. Ich denke an viele Begebenheiten aus unserer Zeit, schaue Bilder an. Ich wünsche mir, dass irgendwann die guten Erlebnisse bleiben, ihren Platz finden, und die weniger schönen, wie z.B. die Art deines Todes, ein wenig unwichtiger werden. Was letztendlich zählt, ist die Liebe.

13.06.1997, 00.49 Uhr

Nun bin ich schon vier Monate allein mit den Kindern. Dass ich diese Zeit geschafft habe, da staune ich wirklich selber. Wenn mir jemand gesagt hätte, ich müsse ohne dich leben und das alles durchstehen, so hätte ich gesagt, dass ich das nicht könnte. Ich vermisse dich sehr, hätte dir so viel zu erzählen, möchte dich berühren, nur ganz kurz.

15.06.1997, 23.00 Uhr

Wie gerne würde ich wenigstens von dir träumen. Du bist mir so nah und doch so fern. Warum darf ich dich nie mehr spüren? Alina vermisst dich auch sehr, sie weint oft. Ich werde alles tun, um unseren Kindern das Beste zu geben, das verspreche ich dir.

16.06.1997, 23.43 Uhr

Ich vermisse dich sehr. Ich wünsche mir, wieder Lebensfreude empfinden zu können. Mein Leben ist so leer. Werde ich jemals verstehen, was da genau ablief? *Warum?*

22.06.1997, 21.25 Uhr

Ich komme mir mit meinem dauernden Gejammer schlecht vor, aber ich gebe mir Mühe, das Leben wieder in den Griff zu bekommen. Im Moment geht es mir nicht gut. Das ist auch der Grund, weshalb ich nicht so oft schreibe. Mir fehlt die Kraft und Motivation. Ich bin antriebslos, müde und fühle mich ausgelaugt. Ich kenne mich so einfach nicht. Mir ist der ganze Boden unter den Füssen weggerissen worden, und nun suche ich verzweifelt neuen Stand. Wo soll ich Kraft hernehmen, um den Alltag zu meistern? Ich muss mit mir kämpfen, dass ich diese depressiven Phasen nicht einreissen lasse, dass ich mich nicht gehen lasse. Ich gebe mir immer wieder Aufgaben zu erledigen. Ich vermisse deine Nähe, deine Zärtlichkeiten, deine Geborgenheit.

Ich war mit Alina und Cédric bei einer Kinderpsychologin in Thun, um mit ihr zu besprechen, wie ich mit unseren Kindern über dein Sterben, deinen Tod, sprechen soll. Wie soll ich ihnen sagen, dass du nie mehr nach Hause kommen wirst? Was soll ich sagen, wenn sie mich nach dem «Warum?» fragen? Die Kinderpsychologin riet mir, ich solle so nahe an der Wahrheit bleiben, wie es nur gehe. Es wäre auch richtig, auf gewisse Fragen mit «Ich weiss es nicht, niemand weiss es ganz genau» zu antworten. Frau Küenzler wird nun die beiden eine Wegstrecke lang begleiten und ihnen bei der Verarbeitung deines Verlustes beistehen. Sie sagte mir, sie habe bei den Kindern ein sehr gutes Gefühl, denn es seien starke Persönlichkeiten, und sie hätten ganz bestimmt das nötige Urvertrauen erhalten, um ihr Leben auch so zu meistern. Beide sind Kinder des Feuers – glücklicherweise.

Alina sagte heute, sie möchte, dass ich nie sterbe, auch nicht, wenn ich alt bin.

26.06.1997, 22.15 Uhr

Gestern hatte ich ein Gespräch mit einem Paartherapeuten. Er fragte mich z.B., was mir am meisten fehle, seit du fort bist. Ich musste nicht lange überlegen, die Antwort kam spontan: Ich fühle mich heimatlos, nicht mehr geborgen. Du warst nicht nur mein Ehemann, sondern auch mein Freund und Vertrauter. Ich habe viel Vertrauen verloren. Manchmal denke ich, ich habe dich gar nicht richtig gekannt. Obwohl ich weiss, dass jeder Mensch als grösstes Geschenk einen freien Willen hat, den ihm niemand nehmen kann, ist es so schwer zu akzeptieren, dass du diesen Weg gewählt hast. Ich hoffe, du hast auf diese Weise dein Selbst gefunden. Vielleicht hatten wir beide in unserer Beziehung einfach viel nachzuholen, was uns pränatal und in der Kindheit gefehlt hat. Unsere Beziehung rettete uns vor dem Alleinsein in unseren Herzen. Vielleicht haben wir uns auch nicht frei entfalten können, weil wir uns so früh kennengelernt haben. Nun hast du für dich ganz allein entschieden, deinen Weg zu gehen. Ich muss das akzeptieren. Wie stellt man das in der Praxis an?

Ich merke, dass viel Unverarbeitetes aus meiner Vergangenheit, das gedanklich weit nach hinten gerutscht war, wieder an der Front erscheint. Ich muss lernen, mehr auf mein Inneres zu hören, Vertrauen zu mir als eigenständige Person zu haben, wieder Selbstvertrauen aufzubauen. Ich wünsche dir, dass du deinen Frieden gefunden hast. Ich habe meinen Frieden noch nicht gefunden, muss ihn suchen, oder einfach abwarten und den Augenblick leben. Das ist das grösste Problem. Wenn ich an die Vergangenheit denke, werde ich traurig, und wenn ich an die Zukunft denke, macht es mir Angst. Theoretisch weiss ich, dass ich mir auf diese Art und Weise selber im Weg stehe, vorwärts zu kommen, aber ich denke mir, dass Einsicht der beste Weg zur Besserung ist. Heute habe ich mir überlegt, dass meine schwierige Startposition ins Leben wohl auch eine Vorbereitung auf das Jetzt war. Und auch das Jetzt ist ein solcher für irgend etwas, ich weiss nur noch nicht, wofür. Jedenfalls durchgehe ich eine harte Lebensprüfung. Ich las einmal in einem Text von Elisabeth Kübler-Ross: «Woher wissen die Wildgänse, wann sie zur Sonne fliegen müssen? Wer sagt ihnen die Jahreszeiten? Woher wissen die Menschen, wann es Zeit ist, weiterzugehen? Woher wissen wir, wann wir aufbrechen sollen? Wie mit den Zugvögeln, so ist es auch mit uns, wir haben eine innere Stimme, die uns mit Sicherheit sagt, wann wir uns ins Unbekannte wagen sollen. Wenn wir nur mehr auf diese Stimme hören wollten.»

07.07.1997, 07.48 Uhr

Heute bin ich ganz alleine aufgewacht. Cédric ist in
den Ferien, und Alina schlief bei Sabrina. Es ist ein
eigenartiges Gefühl, aber ich denke, ich brauche diese Zeit, mich einmal mit mir selber zu befassen, nicht
mit meiner Situation, sondern mit mir als Person.
Was will ich? Wer bin ich? Welche Perspektiven habe ich? Ich habe mich entschieden, weiterzuleben,
ganz einfach, weil ich weiss, dass mich noch irgend
etwas erwartet hier auf dieser eigentlich doch so
schönen Welt erwartet. Ich werde sicherlich noch etwas erfahren dürfen, das mich innerlich ausfüllt und
bereichern wird. Ich möchte mir neue Ziele setzen,
neue Wege gehen. Ich habe mich sehr verändert.
Wenn ich in den Spiegel schaue, denke ich oftmals,
wer schaut mir da entgegen? Du sagtest mir immer,
ich sehe aus wie ein Teenager. Wenn ich mich jetzt
im Spiegel betrachte, so sehe ich eine reife Frau.
Mein Gesichtsausdruck hat sich durch meine Le-
benserfahrung verändert. Ich bin kritischer, emp-
findsamer, einfühlsamer und geduldiger geworden.
Zeit ist nicht mehr wichtig für mich. Ich stelle mich
auf ein Leben allein mit den Kindern ein. Ich hielt
immer an dir fest, und das war nicht gut. Jetzt bin ich
alleine für mich verantwortlich, und das macht mich
auch stark . Heute weiss ich ganz genau, dass diese
Prüfung für mich bedeutet, endlich selbständig zu
werden. Ich bin mir sicher, dass mein starker Wille
mir helfen wird, es zu schaffen. Manchmal bin ich

gespannt, was das Leben mir noch bringen wird. Adrian, ich bin davon überzeugt, dass du deine Aufgabe erfüllt hast und es dir gut geht. Du hast so viel Liebe gegeben. Danke. Ich weiss, dass du in einer anderen Form in der ewigen Welt weiterlebst, dass du nicht alleine bist, sondern ganz bestimmt viele Freunde um dich hast. Ich wünsche dir, dass du deinen Vater gefunden hast und ihn endlich in die Arme schliessen kannst. Und ich weiss, dass du hier glücklich warst, noch vor nicht allzu langer Zeit hast du zu mir gesagt, dass du im Leben eigentlich alles erreicht und erlebt hast, was du dir gewünscht hast. Dieses Wissen hilft mir. Es liegt nicht in meiner Macht zu entscheiden, ob dein Weggehen zu früh oder richtig war, denn dein Wille ist von allen anderen zu respektieren. Ich werde immer wieder versuchen, mich daran zu erinnern, wenn es mir nicht gut geht. Ich werde das, was ich von dir gelernt habe, die Freude am Musischen, deine Ruhe, dein sanftes Gemüt, als kostbare Erinnerung hüten und an unsere Kinder weitergeben.

13.07.1997, 22.30 Uhr

Schon fünf Monate sind jetzt vergangen seit diesem schrecklichen Donnerstagabend. Wenn ich auf diesen Tag zurückblicke, so fühle ich mich zwanzig Jahre älter als damals.

17.07.1997, 01.18 Uhr

Manchmal erinnert mich das Schreiben an die Zeit, als wir noch ganz jung waren und uns nur selten sahen. In diesen Monaten schrieben wir uns oft. Ich hätte dir so vieles zu sagen und zu erzählen, dich zu fragen und dir zu erklären. Wenn ich dann an meinem Schreibtisch sitze, ist alles weg. Worte können Gefühle nie ganz erfassen, nie so auf's Papier bringen, dass sie genau das ausdrücken, was man meint. Es scheint mir, als ob meine Vergangenheit ein Traum wäre. Irgendwann erwache ich und fange an zu leben. Ich denke oft daran, wie wir an den unmöglichsten Orten intensive Gespräche führen konnten.

Gestern war ich mit Alina im Rüschegg bei Anna. Viele Erinnerungen kamen in mir hoch. Das Auto fand den Weg fast von selber, denn ich musste ununterbrochen weinen. Ich sah den Garten, den Stall, die Bank unter der Linde. Ich spürte dich dort erstaunlicherweise so stark, wie schon lange nicht mehr.

19.07.1997, 23.30 Uhr

Heute erhielt ich ein Programm für einige Abende mit anderen Trauernden, auf dessen letzter Seite stand:

«Vor meinem eigenen Tod ist mir nicht bang, nur vor dem Tod derer, die mir nahe sind.

Wie soll ich leben, wenn sie nicht mehr da sind? Allein im Nebel geh ich und lass mich willig in das Dunkel treiben. Das Gehen schmerzt nicht halb so wie das Bleiben. Der weiss es wohl, dem gleiches widerfuhr und die es trugen, mögen mir vergeben: Bedenkt, den eigenen Tod, den stirbt man nur, doch mit dem Tod der andern muss man leben.»

Manchmal weiss ich nicht, ob ich es je schaffen werde, mit deinem Tod zu leben, wieder glücklich und unbeschwert zu werden.

22.07.1997, 00.15 Uhr

Ich war im Konzert von Montserrat Caballé in Zofingen. Es war wunderschön. Die Stimme dieser Frau bringt einen fast zum Weinen. Als der Vollmond aufging und den mit Sternen behangenen Himmel zum Erleuchten brachte, sagte sie, jeder dürfe sich jetzt etwas wünschen, und das werde dann geschehen. Ich musste weinen, denn mein grösster Wunsch ist, dass du hier wärst. Da dies nicht möglich ist, wünschte ich mir, irgendwann im Leben wieder glücklich sein zu dürfen, zu lachen, ohne Vorbehalte zu geniessen, ohne Schmerz zu leben.

Folgendes Gebet gibt mir immer wieder Kraft:
Lieber Gott, bitte lass mich das, was ich nicht ändern kann, gelassen hinnehmen.

Gib mir Mut, das zu ändern, was ich ändern kann, und gib mir die Weisheit, beide Dinge voneinander zu unterscheiden.

27.07.1997, 00.10 Uhr

Heute ist dein Geburtstag. Mir kommen viele Erinnerungen in den Sinn. Vor zwölf Jahren waren wir an deinem 20. Geburtstag in Spiez am Seenachtsfest. Du hattest gerade eine Woche Rekrutenschule hinter dir. 16 Wochen lagen noch vor uns, in denen wir uns nur an den Wochenenden sehen konnten. Das kam uns damals sehr lange vor. Jetzt lebe ich schon fünfeinhalb Monate ohne dich. Es ist hart und schwierig.

Ich wünschte mir, dass du mit Cédric Fussball spielen würdest, denn das macht er nicht gerne mit mir, das will er nur mit Männern machen. Alina hätte dich auch nötig. Du fehlst uns allen sehr. Ich liebe dich.

29.07.1997, 22.54 Uhr

Heute hatte Cédric einen schlimmen Tag. Er hatte grosse Sehnsucht nach dir. Er rief immer und immer wieder: «Papi, mein Papi». Er musste weinen und wollte sich nicht trösten lassen. Wir vermissen dich, Adrian. Warum kamst du mit unserer kleinen Welt nicht klar? Alles was sich draussen abspielt, sollte einen ja nicht zerstören. Wenn es mir gut geht, versuche ich, dich zu verstehen, wenn es mir nicht so gut geht, fühle ich mich von dir im Stich gelassen. Wir haben zwei wunderbare Kinder. Eltern zu werden ist eine ernst zu nehmende Aufgabe. Du hast uns geliebt, wir haben dich geliebt. Was ist wichtiger als diese Tatsache?

Ich treibe wieder mehr Sport und dadurch fühle ich mich wesentlich besser. Ich merke, dass ich langsam wieder zu mir finde und hoffe, mein seelisches Gleichgewicht wiederherstellen zu können. Jetzt muss ich mir mein eigenes Leben aufbauen, nochmals bei Null beginnen. Ob ich das wohl schaffen werde? Ich weiss überhaupt noch nicht, was ich will. Für die Gesprächstherapie, die ich zur Zeit durchführen kann, bin ich sehr dankbar. Es gibt vieles, das ich loswerden muss. Ich habe viele Fragen. Vielleicht finde ich Antworten oder zumindest die Kraft, gewisse Fragen im Raum stehen zu lassen.

01.08.1997, 01.06 Uhr

Ich kann nicht schlafen. Meine Gedanken sind ganz bei dir. Ich vermisse dich sehr. Gestern war ich mit

Susanne im Kino. Wir schauten uns «Die Brücke am Fluss» an. Als der Film schon lange zu Ende war, sassen wir immer noch im Regen und weinten zusammen.

10.08.1997, 23.40 Uhr

Ich habe eine seltsame Woche hinter mir, eine, die ich am liebsten aus meinem Leben streichen möchte. Ich bin einfach noch nicht selbstbewusst genug, zu sagen und zu tun, was ich will. Ich muss das ändern, ich will das ändern. Intuitiv spüre ich, was gut für mich ist, nun muss ich nur noch lernen, die Gefühle in die Tat umzusetzen.

12.08.1997, 22.30 Uhr

In einem Monat ist in der Stadt Bern ein Treffpunkt für Jungverwitwete mit Kindern. Ich denke, dass ich zum Erfahrungs- und Gedankenaustausch einmal dort hingehen werde. Mir ist bewusst, dass nur ich alleine das Geschehene verarbeiten kann, dass kein Mensch, keine Gruppe mir dabei helfen kann, mit deinem Verlust zu leben. Ich wünschte mir, du wärst da.

16.08.1997

Die Rolling Stones kommen im TV. Ich erinnere mich, dass du mit Dulyn im Konzert warst und ihr beide ganz begeistert nach Hause gekommen seid.

In der Gesprächstherapie sprachen wir heute über den Umgang mit Zärtlichkeit, wenn man alleine ist. Wo kann ich auftanken, wo kann ich kompensieren? Lust stillen kann man schnell, wenn man will, aber ich meine die Zärtlichkeit zwischen Menschen, die sich wirklich lieben. Ich habe dieses Gefühl in meinem Leben bis jetzt nur mit dir erlebt. Wir kamen darauf, dass mein Leben im Moment eine Sackgasse ist, kein Weg führt zum Ziel. Was ist überhaupt das Ziel? Ich denke, das ist das Problem überhaupt. Wenn ich ein Ziel hätte, würde ich darauf hinarbeiten, aber ich bin mir meines Zieles nicht bewusst. Das Ziel ist weit entfernt. Alles, was ich mache, ist nicht gut. Ich komme nicht weiter. Ich möchte gerne Ordnung in mein Leben bringen, kann aber nicht loslassen, stehe mir selbst im Weg.

28.08.1997, 00.34 Uhr

Heute war Ursula da. Sie hat ihren Mann vor fünf Monaten durch Suizid verloren. Unsere Gefühle, Probleme, Verhaltensweisen sind ähnlich. Das Gespräch mit ihr hat mir sehr gut getan, hat vieles wieder aufgerollt, hat mich dazu bewogen, verdrängten Gefühlen wieder Platz zu schaffen, z.B. mit dem toten Körper konfrontiert zu sein. Es war und ist für mich immer noch ein Schockerlebnis, deinen mir vertrauten warmen Körper kalt und starr zu erleben. Wir sprachen auch über unsere Sehnsüchte nach unseren verstorbenen Partnern. Adrian, täglich wird mir bewusst, wie viel du mir bedeutet hast. Mein halbes Leben verbrachte ich mit dir, und jetzt muss ich meinen Weg alleine gehen. In Gedanken bin ich oft bei dir.

29.08.1997, 00.58 Uhr

Heute war ich mit Rebecca im Konzert der Kelly Family. Sie hat es sich zum Geburtstag gewünscht. Es regnete stark, dann schien plötzlich die Sonne, und am Himmel wurden zwei Regenbögen sichtbar. Es sah wunderschön aus, und ich dachte ganz intensiv an dich. Du bist da, in einer anderen Form, der Tod ist nicht endgültig. Die Zeit vergeht, die Distanz wird grösser, meine Gefühle zu dir nehmen aber nicht ab. Ich spiele hier ein Schauspiel. Ich lebe mir selbst etwas vor. Ich spiele die Starke, die Mutige, die wirklich Alleskönnende und bemerke in meinem Innersten meine Schwäche. Ich komme mir vor wie ein schutzbedürftiges Kind. Ich möchte in den Arm genommen werden, gehalten werden, Wärme spüren. Ich muss aber immer stark sein.

03.09.1997, 01.06 Uhr

Heute hatte ich wieder Gesprächstherapie. Es war befreiend und hilfreich für mich. Ich konnte seit langer Zeit wieder einmal weinen. Ich habe das Anafranil von mir aus abgesetzt, weil ich es einfach nicht mehr ertragen konnte, von einem Medikament abhängig zu sein. Ich muss diesen Schmerz erleben, mich dieser Ohnmacht hingeben, nur so kann ich wachsen. Ich bin stolz auf mich.

Wir sprachen heute über deine Wesensart. Ich erzählte der Ärztin, dass du immer sehr ruhig gewesen bist. In all den Jahren habe ich dich nie ausflippen sehen. Die Ärztin erklärte mir, dass solche Menschen gerne zu Amokläufen neigen, weil sie sich nie getrauen, Frust oder Trauer zu zeigen. Manchmal ist es für mich schwierig, über dich zu reden, weil ich das Gefühl habe, dass ich dich gar nicht gekannt habe. Mir fallen die Augen zu.

06.09.1997, 00.00 Uhr

Heute habe ich gelesen:
«Jemanden zu lieben ist nicht nur ein starkes Gefühl, denn Gefühle kommen und gehen. Liebe ist ein Versprechen, eine Verantwortung. Es hat keinen Raum mehr im Herzen für etwas anderes als das Glück, zu lieben.»

Dieser Text hat mich sehr angesprochen. Ich habe dich sehr geliebt, hätte fast alles für dich getan.

12.09.1997, 22.26 Uhr

Heute hatte ich wieder Gesprächstherapie. Die Ärztin ist für mich eine sehr wichtige Bezugsperson geworden. Ich habe immer ein starkes Bedürfnis, mit ihr zu reden. Alles staut sich auf, und wenn ich auf den Parkplatz des Regionalspitales fahre, fange ich schon an zu weinen, weil ich weiss, dass ich jetzt endlich reden kann. Wir kamen heute darauf, dass du konfliktscheu gewesen bist. Du hast jegliche Konfliktsituation gemieden, bist einfach deinen Weg gegangen, im Beruf, im Sport und im Privatleben. Zu Hause wurden Konflikte auch nicht ausgetragen, es wurde einfach darüber hinweg weitergelebt, die Sachen blieben unausgesprochen im Raum stehen. Das ist doch alles Flucht. Du hast mir nicht die geringste Chance gegeben, mich mit dir nach deinen Ferien auseinanderzusetzen. Die Lösung des Konfliktes hiess für dich einfach weggehen. Du hast doch selber erfahren, wie es ist, ohne Vater aufzuwachsen. Warum tust du das unseren Kindern an? Du hast deinem Vater immer Vorwürfe gemacht, hast ihn verurteilt dafür, dass er nicht bei dir war.

Ich werde nun meinen Weg gehen, und ich hoffe, die Kraft zu haben, für unsere Kinder immer da zu sein. Ich bin stolz auf unsere Kinder - sie sind einmalig. Du verpasst so viel Schönes mit ihnen. Es ist schade.

7.10.1997, 01.29 Uhr

Du siehst, wieder ist es spät geworden. Meine Gedanken kreisen, ich komme nicht zur Ruhe. Ich habe so wenig Kraft.

14.10.1997, 08.09 Uhr

Alina und Cédric spielen, und ich nehme mir die Zeit, dir zu schreiben. Das Wetter ist ganz schlecht, und das schlägt sich auch ein wenig auf meine Stimmung nieder. Ich habe mir gestern überlegt, welche Phasen ich seit deinem Weggehen schon durchlebt habe. Es gab völlig motivationslose Zeitspannen, wo ich absolut keine Kraft hatte. Es gab Phasen, in denen ich klar denken konnte, und es gab solche, in denen ich unter starkem psychischen Druck stand. Es gab auch Phasen, in denen ich mir nur noch wünschte, auch sterben zu können; dann wieder war ich stark.

Ich wünsche mir Kraft und Mut, mein Leben zu verändern, in den Griff zu bekommen. Ich wünsche mir Selbstvertrauen, damit ich mich gegen dominierende Mitmenschen zur Wehr setzen kann. Ich wünsche mir, wieder Freude empfinden zu können.

03.11.1997, 22.43 Uhr

Heute war ich im Kino. Es lief «Maboroshi», ein japanischer Film. Eine junge Frau versucht, über den Suizid ihres Ehemannes hinwegzukommen. Nach fünf Jahren scheint sie ein Leben in geordneten Bahnen zu führen, als sie nochmals von ihrer Vergangenheit eingeholt wird. Ein Fischer erzählt ihr nämlich von «Maboroshi», dem Licht der Illusion, das manche Menschen sehen und ihm folgen müssen. «Maboroshi» bedeutet Tod, aber eben auch Licht.

29.11.1997, 21.59 Uhr

Schon lange hatte ich nicht mehr die Kraft, dir zu schreiben. Gestern war Ebo Aebischer bei mir. Er ist Biochemiker und Theologe und hat eine Dissertation über Suizid verfasst. Heute betreut er Angehörige nach dem Suizid eines Mitmenschen. Der Abend mit Ebo zeigte mir einmal mehr, dass es im Leben keine Zufälle gibt. Die vergangenen Monate habe ich mir immer und immer wieder überlegt, die beiden Zeugen von der Brücke anzurufen, damit sie mir genau sagen könnten, was sie gesehen haben und wie es ihnen geht. Ich habe mich nie getraut, weil ich gedacht habe, dass dieses Erlebnis für die beiden jungen Männer sicherlich furchtbar gewesen sein muss. Als ich Ebo gestern abend erzählte, wie und wo du aus dem Leben geschieden bist, schaute er mich an und sagte, er sei genau zu diesem Zeitpunkt über die Brücke gelaufen und sah dich runterspringen. Er sah dich auch unten liegen. Er konnte mir dadurch so viele Fragen beantworten, die ich immer hatte und niemandem zu stellen wagte.

05.12.1997

Du hast mir so weh getan, wo weh getan,
dass ich den Schmerz fast nicht ertragen kann.
Du hast in mir so viel zerstört,
du hast mir nicht mehr zugehört.
Wie oft wollte ich mit dir reden,
ich musste um Gehör flehen.
Du hast dich zurückgezogen,
mich emotional betrogen.
Du hast mein Herz kaputt gemacht,
habe ich wirklich jemals im Leben gelacht?
Ich bin leer
und habe Sehnsucht nach den Wellen im Meer,
nach der Weite des Atlantiks,
nach Glücklichsein,
nach Licht.
Ich leide, lebe nicht,
fühle mich wie tot.

Du hast mir so weh getan, so weh getan,
dass ich den Schmerz fast nicht ertragen kann.

14.12.1997

Heute war ich wieder in der Gesprächstherapie. Alles erscheint mir klar. Du kannst dir nicht verzeihen, was mit dieser Frau passiert ist. Du entscheidest für dich und mich gemeinsam, dass man das nicht verzeihen kann. Du bist überzeugt, dass alles kaputt ist, also hat ja alles keinen Sinn mehr, und du gehst. Alles ist für dich besser, als mit dieser Schuld zu leben. Wie sehr hast du dich getäuscht, Adrian. Wir hätten diesen Umstand in den Griff bekommen, da bin ich mir ganz sicher. Es wäre besser gewesen, viele schmerzhafte Gespräche zu führen, als einfach wegzugehen. Warum hast du uns keine Chance gegeben? Du fehlst mir und den Kindern sehr. Ich möchte dir so gerne von ihnen erzählen. Wenn sie mich anschauen, vergesse ich meine Sorgen, und ein dankbares Lächeln huscht über mein Gesicht. Sie helfen mir. Ich wünsche mir, mit den beiden in Ruhe und Harmonie zu leben, mich nicht mehr dauernd zu hinterfragen, was ich alles hätte tun und lassen sollen, um dich von diesem Schritt abhalten zu können. Ich möchte an die gute Zeit mit dir zurückdenken.

27.12.1997, 03.02 Uhr

Schon wieder ist einige Zeit vergangen seit meinem letzten Brief. Manchmal möchte ich dir viel schreiben, aber dann holt mich die Realität ein und es wird mir bewusst, dass du das Geschriebene gar nicht lesen wirst, dass ich das ja nur für mich mache. Ich möchte dich gerne sehen, dein Pfeifen hören, dich singend unter der Dusche erleben, mit dir spazierengehen. Heute feierte Bernhard ein Fest. Ich war mit Christine dort.

Es hatte haufenweise Leute. Eigentlich hättest du dabei sein müssen. Du hast mir gefehlt.

29.12.1997, 20.24 Uhr

Heute funktioniere ich auf Sparflamme. Ich bin krank, habe schon wieder eine Stirnhöhlen- und Nebenhöhleninfektion und kann kaum atmen. Papi kam mit mir zum Notfallarzt. Alina und Cédric sind auch immer noch erkältet. Es ist nicht einfach.

09.01.1998, 22.44 Uhr

Heute waren Heidi und Robert zu Besuch. Sie haben über die Ähnlichkeit zwischen dir und Alina gestaunt. Sie ist dir wie aus dem Gesicht geschnitten.

Cédric ist dir in seiner Wesensart sehr ähnlich. Ich hoffe nur, dass er eine gefestigtere Persönlichkeit wird und Konflikte austragen kann. Ich wünsche mir, dass unsere Kinder ihre Anliegen und Fragen immer offen und direkt kundtun werden.

Ich hätte oftmals Fragen an dich, auch bezüglich der Kindererziehung. Ich versuche immer, intuitiv richtig zu handeln. Ich mache mir aber oft Gedanken, wie du entscheiden würdest. Ich kann den Kindern den Papi nicht ersetzen, dort komme ich an meine Grenzen. Sie würden dich sehr brauchen.

12.01.1998, 20.45 Uhr

Zum ersten Mal habe ich von dir geträumt. Du warst bei mir und sagtest, du wärst jetzt wieder da. Ich freute mich, war aber überfordert. Du erzähltest mir von deinen Reisen überall hin auf der ganzen Welt. Du sagtest, dass du einfach keine Kraft mehr gehabt hast und Ruhe benötigt hättest. Ich erklärte rational, dass wir umgezogen seien, ich das Geschäft verkaufen will und wir alle geglaubt hätten, er sei tot. Du gabst zur Antwort: «Ja, ja, das kommt schon gut.» Ich hätte vor Freude tanzen können, war aber überfordert. Als ich erwachte, fuhr ich mit den Kindern an die Simme, an den Platz, wo wir am Donnerstag, den 13. Februar 1997, nachmittags zusammen waren und das letzte Mal miteinander geweint haben. Die letzten

Sonnenstrahlen des Tages schienen noch auf den Platz, alles kam wieder hoch. Wie gern hätte ich, dass mein Traum Wirklichkeit werden würde. Ich danke dir für die gemeinsame Wegstrecke. Ich habe heute den Grabstein bestellt. Es ist ein ganz spezieller Stein, und ich habe mich für einen Spruch von Rainer Maria Rilke entschieden, der darauf stehen soll:

«Wenn du an mich denkst, so erinnere dich an die Stunden, in welchen du mich am liebsten hattest.»

19.01.1998, 21.24 Uhr

Nach langen psychischen Beschwerden, welche ich nun einigermassen im Griff habe, reagiert nun mein Körper. Musste ich vorher nie im Leben Antibiotika zu mir nehmen, so waren es innerhalb des letzten halben Jahres zwei Kuren, die mein Körper verarbeiten musste. Seit Neujahr bin ich mehr oder weniger immer krank. Wenn nur endlich Ruhe wäre.

Am Freitag telefonierte ich mit Jolanda. Ihr Mann nahm sich vier Monate vor dir an genau derselben Stelle das Leben. Er hatte auch ein Sanitär- und Heizungsgeschäft, und sie haben ebenfalls zwei Kinder in ähnlichem Alter wie unsere. Du kanntest ihn und wusstest von seinem Suizid, hast aber zu Hause nie ein Wort darüber verloren.

09.02.1998, 00.26 Uhr

Ich habe dir lange nicht mehr geschrieben, und dafür
habe ich verschiedene Gründe. Erstens hatte ich bis
vor wenigen Tagen eine grosse Wut auf dich. Ich habe dich nur angeklagt, verurteilt und nicht verstan-
den. Unter diesem Zustand habe ich sehr gelitten, es
tat sehr weh, und ich kam mir schlecht und ungerecht
vor. Jetzt geht es wieder besser. Schon bald jährt sich
dein Weggehen. Wie habe ich dieses Jahr bloss geschafft? Ich nehme mir vor, den ersten Todestag so
normal wie möglich zu verbringen. Ich will mich zu
nichts zwingen und lasse alles offen. Adrian, warum
nur hast du keinen anderen Ausweg gesehen? Du
solltest sehen, wie Alina schöne Bilder malt, wie sie
Ski fährt und sich zu einem grossen Mädchen ent-
wickelt hat. Wie gerne würde ich dir das liebliche
Wesen von Cédric zeigen, wie er singt und lacht und
tanzt, manchmal aber auch nach dir schreit und lange weint. Ich habe mich auf ein Stelleninserat ge-
meldet. Sehr gerne würde ich mich beruflich verändern, damit meine Verantwortung wenigstens dort
kleiner wird. Ich sehne mich nach Ruhe.

13.02.1998, 01.07 Uhr

Eben bin ich von Bern nach Hause gekommen. Ein
Jahr ist es her, dass du uns verlassen hast und deinen
Weg alleine gegangen bist. Ich hatte grosse Angst vor

diesem heutigen Tag. Angst davor, dass mich alles einholen würde. Vor einem Jahr sass ich um diese Zeit beim Arzt im Sprechzimmer. Heute nachmittag ging ich mit Doris auf den Friedhof. Es war ein ganz besonderes Erlebnis. Zusammen mit ihr verspüre ich eine grosse Ruhe. Am Abend ging ich dann mit Heidi nach Bern. Genau um 19.50 Uhr standen wir auf der Kirchenfeldbrücke oberhalb der Strasse. Wir mussten weinen. Wir teilten unseren Schmerz, als wir auf die Strasse runterblickten. Plötzlich sahen wir auf der Aare einen schönen weissen Schwan. Ihm folgte ein zweiter – ein Schwanenpärchen erschien aus der Dunkelheit des Ufers und schwamm über die Aare. Wir waren überwältigt von diesem Anblick und wussten, du bist da, du nimmst uns wahr. Ein bisschen später folgte das zweite Wunder: direkt vor uns erhob sich der Vollmond hinter dem Berg in den Himmel hinauf. Es war wunderschön, diesem Naturschauspiel zuzusehen. Zum Andenken an dich übergaben wir der Aare weisse Blumen. Vier Stunden später, als wir wieder über die Brücke liefen, zeigten sich die Schwäne ein weiteres Mal: Time to say goodbye. Danke.

Sommer 1998

Ich sitze in Gedanken an einem Ort, an dem ich nie mit Adrian war. Eine ganz neue Oase in meinem Leben. Hier, in der Stille des Centovallis habe ich zu

110

mir gefunden, bin ich zur Ruhe gekommen. In den letzten Monaten bin ich mehrere Male an diesem Ort gewesen und fühlte diese unglaubliche Stille und Ruhe in mir, die ich so sehr vermisst hatte. Meine Angst, dieses Gefühl nie mehr zu erleben, bereitete mir Sorgen. Ich bin ein anderer Mensch geworden. Nie habe ich den Glauben an das Leben ganz aufgegeben, den Glauben an eine höhere Macht, den Glauben daran, dass alles, wie es ist, seine Richtigkeit hat. Immer wieder bekam ich Kraft und konnte mein Selbstbewusstsein stärken. Im Frühjahr fuhr ich das erste Mal ganz alleine mit den Kindern ins Tessin. Ich hatte zu meinem 30. Geburtstag einen Gutschein erhalten. Es ging mir in dieser Woche gar nicht gut, und ich wünschte mir nichts sehnlicher, als auch diese Phase aus meinem Leben streichen zu können. Endlich war die Woche um, und ich konnte mit den Kindern nach Hause fahren. Eine lange Reise lag vor uns. Als das ganze Gepäck im Wagen verstaut war und die Kinder ihre Plätze eingenommen hatten, fuhr ich los. Das Wetter war angenehm, die Sonne schien, und der Himmel lachte uns zum Abschied zu. Ich entschied mich, über den Brünig nach Hause zu fahren, da ich noch Arlette besuchen wollte. Ich hatte ein Gespräch und ein bisschen Geborgenheit nach dieser Woche nötig. Schon vor der Passhöhe gerieten wir in einen unglaublichen Schneesturm. Trotzdem fuhr ich weiter, bis ich keine Chance mehr hatte, unseren Wagen zu steuern. Ich glitt wie auf einer Eisbahn die Strasse hinunter, und plötzlich sah ich am rechten Strassenrand eine Einfahrt. Halb in der Einfahrt und halb auf der Strasse kam ich zum Stehen und lief zu dem Haus, das sich weiter oben befand. Eine Frau stand vor dem Eingang. Ich fragte sie, ob es möglich wäre, bei ihr zu telefonieren. Ich wollte unbedingt meinen Vater anrufen, damit er uns abholen kommen könnte. Die Frau entschuldigte sich und sagte, das sei leider nicht möglich, da ihr Mann im Wohnzimmer schlafe. Schon wollte ich aufgeben und war der Verzweiflung nahe. Dann drückte sie auf den oberen Klingelknopf und nach einigem Warten öffnete sich im oberen Stock ein Fenster. Ein Mann schaute hinaus. In dem Augenblick, als ich in die Augen dieses Menschen sah, wusste ich, warum ich über diesen Pass gefahren war und warum ich in dieses Unwetter kam. Ich konnte meine Gefühle damals nicht in Worte fassen und kann es auch heute noch nicht. Es gibt einfach keine Worte, die dieses Empfinden auch nur annähernd beschreiben könnten. Es war ein tiefes Dankbarkeitsgefühl, in diese Augen geblickt zu haben. Jedenfalls durfte ich nun telefonieren, und der erwähnte Mann fuhr, nachdem Cédric seine Toilette besucht und ihm noch eine Banane abgeluchst hatte, mit seinem Auto zur Arbeit. Mein Vater holte mich zwei Stunden später ab, und wir liessen mein Auto dort stehen. Wir vereinbarten mit der Frau, dass wir das Auto bei Wetterbesserung abholen würden. Auf der Heimreise erzählte ich meinem Vater von meinem eigenartigen Erlebnis. Er lachte und fand, die ganze Angelegenheit sei ja gut verlaufen. Er spürte nicht, wie sehr mich dieser Mensch fasziniert hatte. Seit diesem Augenblick weiss ich, dass ich im Hier und Jetzt lebe, dass ich überhaupt noch lebe. Nun habe ich mich von Adrians Geschäft getrennt und eine Stelle in einem Büro angetreten, wo ich sehr glücklich bin. Nie hätte ich gedacht, dass ich es schaffen würde, mein Leben wieder in normale Bahnen zu lenken. Wenn ich heute zurückschaue, so bin ich nicht mehr frustriert, sondern einfach nur traurig. Neben meiner Traurigkeit bin ich aber auch dankbar, dankbar für die Zeit mit Adrian, dankbar für das Leben, das wir weitergeben durften, denn das ist das Höchste aller Gefühle, einem Kind das Leben schenken zu dürfen. Unsere Kinder werden die Liebe, die sie in sich tragen, weitergeben, und somit hat sich der Kreis geschlossen.

Epilog

29.09.1998

Lieber Adrian

Einige Zeit ist vergangen, seit ich dir das letzte Mal geschrieben habe. Es war Absicht. Ich musste meiner Seele eine Ruhepause verordnen. Ich drehte mich im Kreis, immer nur die eine Frage: *Warum?* In den vergangenen Monaten habe ich gelernt, von dieser Frage Abstand zu nehmen. Es ist ja auch gar nicht wichtig. Ich befasste mich viel mit dem Tod, mit dem Leben danach, was wohl kommen mag, fragte mich, wo du bist. Ich lernte auch, dein ganzes Weggehen von der rationalen Seite aus zu betrachten.

Ein grosses Fragezeichen tauchte für mich immer auf, wenn ich daran dachte, wie du zu diesem Schritt fähig sein konntest. Heute weiss ich, dass unser rationales Denken und unsere Emotionen oft parallel laufen. Gedanken und Gefühle sind dasselbe, wir bemerken es nur nicht, nehmen es nicht wahr. Der menschliche Körper schüttet in grossen psychischen Stresssituationen Hormone aus, die unseren Körper, unsere Seele und unsere Gedanken in einen Alarmzustand versetzen. Ich las auch, dass je bedrohlicher die äussere Situation ist, desto stärker können uns die Nervenzellen zu unkontrollierbarem Handeln verleiten. Zugleich verliert das rationale Denken an Einfluss – eine für das Überleben segensreiche Einrichtung, weil längeres Nachdenken entscheidende Sekunden kosten, schnelles Reagieren aber Rettung aus der Gefahr bedeuten kann. Ich las diese Theorie in einem Erziehungsbuch von Cornelia Nack. Es mag für dich trocken tönen, für mich aber war diese Theorie sehr klärend. Ich besuche seit dem Frühjahr in Bern eine Selbsthilfegruppe für Angehörige nach Suizid eines nahestehenden Menschen. Dort habe ich Solidarität unter Gleichgesinnten erfahren. Ich habe mir aber nie etwas vorgemacht, ich musste lernen, selber wieder einen Weg zu finden, der für mich stimmig ist. Ich wollte und konnte nicht mehr in diesem Zustand weiterleben. Ich wollte nicht immer fragen: *Warum?* Mir ist klar geworden, dass ich endlich damit aufhören muss, immer wieder über meine Vergangenheit nachzugrübeln. Ich denke, dass ich es, insbesondere mit dem Schreiben dieser Seiten, geschafft habe, meine Herkunft zu akzeptieren und das Positive daran zu sehen. Ich habe durch diesen Umstand so viel gelernt, und dafür bin ich dankbar. Ich bin sicher, dass ich nun vorankommen werde und das Auf-einer-Stelle-Treten endgültig der Vergangenheit angehört.

Was für mich nach wie vor das grösste und schlimmste Problem ist, ist die Trauer meiner Kinder. Nichts schmerzt wohl eine Mutter mehr, als zu sehen, dass ihre Kinder leiden. In den Momenten, in denen ich z.B. Cédric im Arm halte, wenn er nach dir schreit, wenn er von dir gestreichelt werden oder einfach bei dir sein möchte, in solchen Momenten verachte ich dich. Wie soll ich unseren Kindern erklären, dass Du einfach weggegangen bist?! Was denkst Du, welche Ängste ich ausstehe, wenn Cédric sagt, er wolle zu Dir gehen? Oder kannst Du Dir vorstellen, wie es ist, wenn Alina erzählen muss, warum ihr Papi gestorben ist? Sie kann das erstaunlicherweise sehr offen und gut, und dafür bin ich sehr dankbar, aber ich bin sicher, dass es ihr in ihrem Innersten zugleich sehr weh tut. Wenn Cédric nach Dir weint, so kommt Alina zu mir und sagt, sie wünsche sich ganz fest, dass Cédric wieder lachen würde und nicht mehr traurig sei. Mit ihrem sonnigen Wesen bringt sie es dann immer wieder fertig, ihn abzulenken und zum Lachen zu bringen. Ich denke, ich selbst kann mit meiner Sehnsucht fertig werden, aber für die Kinder wird immer eine grosse Lücke bleiben. Das ist genau der Punkt, der mich traurig und wütend macht. Du hast für uns alle entschieden, unsere Familie auseinanderzubringen. Nie mehr werden wir eine Familie sein können, wie wir beide es uns immer gewünscht haben.

Heute habe ich mich aber dazu entschlossen, dass ich vorwärts schauen will und nicht mehr immer nur zurück. Ich bin da, und ich will mein Leben leben.

Ich werde krank, wenn ich mich ständig im Kreis drehe und keinen Ausweg sehe.

Ich habe ein grosses Bedürfnis, mich wieder am Himmel, am Wasser, an der Luft, an der Sonne, an der Ruhe erfreuen zu können.

Ich wagte den Weg ins Tessin übrigens nochmals und erlebte dort die lang entbehrte Harmonie und innere Ruhe. Ich geniesse jeden Augenblick meines Glücks und bin dankbar dafür, dies erleben zu dürfen.

Wenn ich wieder einmal am Boden zerstört bin, dann versuche ich, es auszuhalten, es durchzustehen, es zu transformieren. Ich habe schon oft beobachtet, dass ich, nachdem ich eine Krise durchlebt habe, in meinem Dasein innerlich wieder einen Schritt weitergekommen bin.

Immer wieder durfte ich in den vergangenen Monaten erfahren, dass ich nicht alleine bin, dass mich ein wertvolles soziales Netz umgibt.

Danke, Adrian, für die gemeinsame Zeit. Es ist schön, einen so wertvollen Menschen wie dich kennengelernt zu haben.

Es wachsen neue Gefühle in meinem Herzen. Sie wachsen, weil die Liebe immer stärker ist als alles andere. Liebe ist in Raum und Zeit nicht messbar.

Dich werde ich nie vergessen, du wirst immer einen Platz in meinem Herzen behalten.

«Wenn du bei Nacht den Himmel anschaust, wird es dir sein, als lachten alle Sterne, weil ich auf einem von ihnen wohne, weil ich auf einem von ihnen lache. Du allein wirst Sterne haben, die lachen können.»

Antoine de Saint-Exupéry «Der kleine Prinz»
Adieu.